UNA PANDÈMIA D'ESTAR PER CASA

DIARI D'UN TANCAMENT

Roger Pelàez

Pròleg de Manel Fontdevila

Ed. Males Herbes
2020

Primera edició: setembre 2020

Guilleries, 26, 1 - 2
08012 Barcelona
www.editorialmalesherbes.com

ISBN: 978-84-122167-1-4
DIPÒSIT LEGAL: B 14338-2020

Impressió: Liberdúplex S.L.

Maquetació: Eduard Vila / www.eduvila.com
Correcció: Joana Castells Savall

PRÒLEG

Es va morir fa uns quants dies Ennio Morricone, no sé si per la pandèmia oficial o per alguna que, a la manera dels DJ, seria una pandèmia resident en la discoteca de la vida. O de vell, que també pot ser: hi ha tota una generació amb una tendència, podríem dir que natural, a morir-se de vells.

Parlar de la mort és un tema universal. Parlar de la pandèmia és parlar, bàsicament, de la mort, i aquí no sé si hem estat gaire originals, ai: la gent sensata té por de morir-se i escriuen llibres encarant-se al drama, conjurant-lo. Testimonis periodístics de la branca horripilant, estudis científics en un llenguatge a l'abast. Llibres, fins i tot, com el que tens a les mans. Roger Pelàez és una persona sensata? No ho sabrem mai. De moment, qui es va morir enmig d'una pandèmia milionària en víctimes va ser Ennio Morricone.

A la tele, doncs, van passar *El bo, el dolent i el lleig* (ho escric en l'ordre original italià, que és un idioma fascinant, però realment no sé com en diem aquí), de Sergio Leone però també d'Ennio Morricone: la música dirigeix la pel·lícula, no es pot dir una altra cosa. Al final (no em vaig quedar fins al final, és llarguíssima) hi ha l'escena del cementiri que de tant en tant algú penja a les xarxes, i és una premonició, un anunci: la mort, allà. Es miren. La música, ominosa, aguanta l'arquitectura de l'escena (que tampoc no he vist acabar mai, és llarguíssima). Però la música, quin geni Morricone: imagineu la mateixa música quan la consellera surt a donar les xifres de víctimes de la Covid i m'entendreu. És, en canvi, una música no adequada per llegir aquest llibre, que parla de la mort i de la por de morir-se, del caos existencial i de la fi del món, però des de la despreocupació i de la falta de respecte. També des de la lluita i des d'un cert biaix escèptic que busca, malgrat tot, la veritat: el que en diríem des de l'humor, vaja.

Però m'embolico i no vaig al gra: vaig veure començar, com d'altres vegades, *El bo, el dolent i el lleig*, i he de dir, i em sap greu, que el lleig em va recordar el Roger Pelàez. Ja està, ja ho he dit. No hem de ser simplistes, compte aquí: el Roger Pelàez no és lleig. Tampoc és guapo. De fet, com passa a la majoria d'humoristes, està per sobre del tema. Se'ns enfot, Pelàez, oi que sí? Però veus (a la pel·lícula) Eastwood i Lee Van Cleef amb les seves cares de llangardaix, el seu posat amenaçant i no per això menys previsible, la seva mirada criminal introspectiva i, de veritat, el lleig (que no sé com es diu i no tinc ganes de buscar-ho a la Viquipèdia: n'hi direm el Pelàez), el Pelàez, doncs, és el que s'enriu de tot i de tothom, el que s'ho passa bé. L'enganyen i enganya els altres, tot forma part del joc, i s'ho pren esportivament. Va a buscar la caixa amb els diners amagats, però no pels diners: com els grans criminals, sap que l'autèntica delinqüència està en el viatge.

El Pelàez és humorista, i això vol dir: lleig i mala persona, i no busca un tresor, un acudit que expliqui la situació política dels darrers deu minuts, o que distregui la *modernor* buscant el *momentum* warholià i la fama en forma d'anunci d'embotits merdosos envasats. En els xistes, els fanzines, els monòlegs, els tuits del tuitter, el Pelàez viatja i, de passada, ens assenyala paisatges desconeguts, restaurants, monuments, esports de risc i d'aventura.

I després ens deixa entrar als museus, els seus, plens de personalitats penjades de cap per avall, de referències humorístiques realment nostrades, de cites bibliogràfiques, moltes: el Pelàez coneix tots els llibres, els de primera i els de segona mà, i en parla amb amor, i fins i tot en deixa anar cites com qui et deixa llepar el seu gelat de cucurutxo, perquè no vol que ens perdem en marranades i sabors exòtics si això vol dir renunciar a la vainilla/xocolata de tota la vida. El que Proust en diria sucar el melindro del berenar al te: experiències essencials que sempre han tingut i, per tant, sempre tindran moltíssim camp per córrer.

De tant en tant, recull el seu viatge en un llibre, en un mapa, com ara mateix, i els altres humoristes, (també lletjos i dolents, però d'una manera mesurada, neta, quasi catalana), podem quedar admirats davant del que és una persona lliure, o que vol serho, o que actua com si ho fos: les tres opcions són de mèrit. I això el converteix en un paisatge total, sense marges, l'abisme hipnòtic, la muntanya màgica, la postal definitiva que mai no et canses de mirar.

Manel Fontdevila

Miro i veig. És per això que estic trist.
Moscou-Petuixkí. Venedikt Ierofféiev.

L'ALTRE DIA VAM ESTAR MIRANT "EL SEGREST DE BUNNY LAKE" I HI SURT UN PERSONATGE ESTRAMBÒTIC D'AQUESTS QUE POSEN A LES PEL·LIS DE SOSPITÓS PRO QUE AL FINAL NO HA FET RES, NOMÉS ÉS UN POBRE DIABLE, QUE DIU QUE TÉ EL CRANI DE SADE EN UNA LLEIXA!
PATILLADA EXTREMA!
EN UN MOMENT DE LA PEL·LI SURTEN ELS ZOMBIES EN UNA TELE D'UN BAR! ROTLLO "ELS JOVES" PERÒ COM SI MOTORHEAD SORTISSIN EN MIG DE "PSICOSI".
SR. MADERO: NO SOC L'ASSASSÍ, MIRI: EL CRANI DEL MARQUÈS DE SADE
EL TÍPIC ROTLLO DE QUAN VOLS CALMAR LA PENYA.
VISCA SADE!
EL QUE VULL VENIR A DIR ÉS QUE NO SÉ SI AQUEST TANCAMENT FARÀ QUE ALGÚ ESCRIGUI COSES TAN BONES COM LES QUE VA ESCRIURE SADE QUAN EL VAN TANCAR (LA TERCERA PART O DUES TERCERES PARTS DE LA SEVA VIDA → EL 1er PRES FIES!)
NO TENIA NI MÒBIL NI INTERNET!
O COM GRAMSCI, ENCARA QUE, DE GRAMSCI, NOMÉS N'HE LLEGIT UN CONTE PER A CANALLA I NO EL VAIG NI ENTENDRE.
PASOLINI A LA TOMBA DE GRAMSCI. ANDY WARHOL VA VOLER COPIAR L'ESTIL DE PASOLINI. PERÒ DEL PAL MIG IDIOTA. SE'N VA SORTIR? SI I NO. QUI SOM NOSALTRES PER SABER-HO?
FLORS SEQUES
SEMEN DE RATA
AL FINAL, POC IMPORTA SI ELS PRODUCTES QUE FEM ELS HABITUALS DURANT EL CONFINAMENT ACABARAN SENT MÉS O MENYS INTERESSANTS. US ELS VENDREM IGUALMENT COM SI HO FOSSIN.

DIA #2

HI HA GENT QUE ÉS MOLT BONICA PERÒ NO ÉS BONICA DORMINT. HAURIEN DE FER UNA GIMNÀSTICA O ALGUNA MENA D'ENTRENAMENT PER SER BONICS DORMINT. JO MATEIX PODRIA FER DE MONITOR DE BELLESA SOMNÍFERA. PER QUÈ ÉS TAN IMPORTANT TENIR UN SON BONIC?
DESPERT ÉS MOLT GUAPO!
PERQUÈ ESTAR ADORMIT ÉS EL MÉS SEMBLANT A ESTAR MORT. D'ACORD QUE SI US MORIU ARA NO US VEURÀ NINGÚ I D'ACORD QUE, TANT MORT COM ADORMIT NO GAUDEIXES DE LA BELLESA QUE EMANES PERÒ, TOT I AIXÍ:
ÉS QUE UNA COSA NOMÉS ÉS BONICA SI ALGÚ SE LA MIRA?
...I SI QUI ET MIRA ÉS UN HAMSTER?
AIXÒ ENS REMET, INEVITABLEMENT, AL QUADRE VENUS I MART QUE BOTICCELLI VA PINTAR QUAN ELS SEUS MODELS (GIULIANO DE MEDICI I SIMONETTA VESPUCCI) JA ESTAVEN MORTS. SEMPRE EM PREGUNTO SI ÉS QUE ELS DOS VAN POSAR JA FIAMBRES O QUÈ... DEU SER UNA MICA EMPIPADOR POSAR ELS MORTS EN POSTURA, PERÒ TÉ LA COMPENSACIÓ QUE UN COP HO HAS ACONSEGUIT, ELS TENS JA GARRATIBATS PER A L'ETERNITAT.
LA SIMONETTA NO, PERÒ EN GIULIANO ES NOTA MOLT QUE ESTÀ MORT. MORT O FOTENT-SE UN PALLOT. O AMBDÓS.

EM SEMBLA QUE VA SER EL PRESIDENT TXEC QUE, QUAN VA ANAR A PARLAMENTAR AMB HITLER, EL VAN FER PASSEJAR TANTA ESTONA PER PALAUS SUMPTUOSOS I GRANDILOQÜENTS QUE, UN COP ARRIBAT AL DESPATX DE L'IMBÈCIL AQUELL, LI VA AGAFAR UN ATAC DE COR. A VEGADES ES PARLA D'AQUEST COM DEL PRIMER ASSASSINAT PER ARQUITECTURA.
UN COP, A LA PLAÇA, VA VENIR UN PAVO QUE VA ESTAR FUMANT AMB LA COLLA. QUAN VA SENTIR QUE ENS DIRIGIEM A UN AMB EL NOM DE "SANTALLOP" LI VA DIR:
DE MANERA QUE TU ETS EN SANTALLOP? DONCS JO ESTIC A LA PRESÓ AMB EN SILVER I EN GUZMAN I HE VINGUT AQUÍ A DIR-TE QUE M'HAN DIT QUE QUAN SURTIN, ET MATARAN.
HAVIEN FOTUT JUNTS EL PAL A UN TRAFICANT-CONFIDENT I ELL ELS VA DELATAR. UN BON DIA EN SANTALLOP VA DESAPARÈIXER I MAI NINGÚ EN VA TORNAR A SENTIR PARLAR...
REALMENT EL VAN MATAR EN SILVER I EN GUZMAN QUAN VAN SORTIR DE LA PRESÓ O EL VA MATAR L'AMENAÇA DE L'HERALD QUE LI VAN ENVIAR?
ET POT MATAR UNA AMENAÇA?
M'HO PREGUNTO PERQUÈ VEIG QUE MOLTA GENT GRAN L'ESTÀ DIÑANT A RAIG FET, MOLTS D'ELLS, DE COSES QUE NI TAN SOLS SÓN LA COVID19 I PENSO QUE MOREN DE SENTIR-SE AMENAÇATS CONSTANTMENT PELS MITJANS. MOREN DE PURA SUGGESTIÓ
GNYF!

DIA #4

EM SAP GREU QUE M'AGRADI TANT LA VEU DE GARSA TRAQUEOSTOMITZADA DE LA TARRIBAS PERQUÈ QUASI MAI ESTIC D'ACORD AMB EL QUE AQUESTA VEU DIU. AVUI HA DIT O LI HAN FET DIR QUE AQUESTA CRISI NO ÉS COM LA DEL 2008, DE MOTIUS ECONÒMICS, SI NO QUE ÉS PER MOTIUS NATURALS. COM SI LA GESTIÓ D'UNA CATASTROFE NATURAL NO FOS TANT CULPA D'UNA GESTIÓ LIBERAL-SAQUEJADORA COM DEL VENT O LES PARTÍCULES.

M'HA RECORDAT L'AZNAR QUAN VA COMPARAR ETA AMB UN TERRATRÈMOL O HURACÀ CENTREAMERICÀ, PERÒ AL REVÉS. L'AZNAR VOLIA TREURE DIMENSIÓ POLÍTICA A ETA I LA TARRIBAS VOL TREURE DIMENSIÓ POLÍTICA A LA PANDÈMIA.

TOTS DOS FOTENT-HI LA POBRA NATURA P'ENMIG! ON SÓN ELS DE GREENPEACE I LES SEVES LLANXES DE GOMA QUAN ELS GILIPOLLES FOTEN LA NATURA EN DEBATS MERAMENT PROPAGANDÍSTICS?

COM QUE M'HA SOBRAT AQUEST ESPAI PER NO HAVER CALCULAT LA NATURA DE LA PÀGINA, UN CONSELL:

NO DEIXEU LES PINCES POSADES A L'ESTENEDOR QUE ES DESLLORIGUEN!

VAL A DIR QUE EL TRUC DELS DE GREENPEACE D'ANAR AMB CANOA PER FER-SE MÉS ELS PROPERS A LA NATURA TAMBÉ TELA.

MAI HE ACONSEGUIT QUE NINGÚ EM FACI CAS. PER AIXÒ HO DIC.

S'HA POSAT DE MODA JUGAR AL PARXÍS EN XARXA, COSA QUE NO DEIXA DE SORPRENDRE'M PERQUÈ ÉS UN JOC BASAT EN UNA DE LES ÚNIQUES COSES QUE ELS ORDINADORS NO HEM POGUT FER QUE FACIN: LA ALEATORIETAT.

UN MANDALA D'ESCALES QUE NO PUGEN.

CREC QUE SI VOLEU JUGAR AL PARXÍS EN LÍNIA MÉS VAL QUE US BUSQUEU UNA APLICACIÓ EN QUE HÀGIU DE FER ANAR ELS DAUS VOSALTRES AMB LES MANS. SI HI HA PROU CONFIANÇA, NO CAL NI CAP SISTEMA DE CÀMERES QUE COMPROVI QUE EL QUE DIEU QUE US HA SORTIT SIGUI LA VERITAT I NO UN NÚMERO NO GENS ALEATORI I MEGATÒNICAMENT CARREGAT D'INTENCIONALITAT. UNA ALTRA COSA QUE ENCARA NO ENTENC COM CAP EMPRENEDOR HA INTENTAT VENDRE ÉS UNA APP CONNECTADA A UNA NAU INDUSTRIAL DE NOVA DHELI O PALOU AMB GENT LLENÇANT DAUS 24/7 PER A LA POBLACIÓ NECESSITADA D'ALEATORIETAT.

SERGIO RANDOM JUGADOR DE FUTBOL DEL BARÇA O DEL MADRID.

QUAN PENSO EN EL CONTE DE QUAN VAN PENJAR CRIST A LA CREU, MENTRE UNS ROMANS SE'N JUGAVEN A DAUS LA SAMARRETA: ALLÀ, ELS DOS SÍMBOLS DE L'ALEATORIETAT I DE LA PREDESTINACIÓ. DOS CONTRARIS JUNTS. EN UN DUEL PERMANENT A MERCÈ D'ALLÒ ALEATORI.

MOLTA GENT JA NO ES POSA CREUS AL COTXE I S'HI PENJA UNS DAUS.

COM QUE AL FINAL T'ACABES CONVERTINT EN ELS TEUS PARES, VAIG A FER UNA COSA QUE EL MEU PARE <u>NO</u> FEIA PERÒ QUE CONSIDERO DE PERSONA TEMPORALMENT TERMINAL: PARLAR D'UNA SÈRIE. "LA FORÊT" ÉS UNA SÈRIE DE 6 o 8 CAPÍTOLS, LA TÍPICA MOGUDA D'UN PSICÒPATA ASSASSÍ I VIOLADOR. EL QUE M'HA CRIDAT L'ATENCIÓ, A PART DEL DESCOMUNAL ARBRE EN FORMA DE POLLA AMB ELS SEU PARELL DE DESCOMUNALS COLLONS ON ENTERREN UNA DONA A <u>DOS DITS</u> SOTA TERRA I NINGÚ LA TROBA FINS 50 ANYS MÉS TARD (NO HI HA BOLETAIRES A CORNUALLES?), HA SIGUT EL MACARRÒNIC TRACTAMENT DEL TEMPS. TOTHOM SAP QUE LES PEL·LIS FRANCESES TENEN UN TEMPO MOLT PARTICULAR QUAN VAN A RITME TRANQUI, PERÒ AQUÍ, EN SER EL RITME SUPERTREPIDANT, JO QUÈ SÉ!, ÉS MIL COPS MÉS ESTRANY. NO ÉS QUE VAGIN RÀPID, ÉS QUE ELS INTERVALS ENTRE UN FET I UN ALTRE SE'LS PASSEN PEL SOTABAIX. SEMBLA UNA MICA COM SI TINGUESSIN LA PERCEPCIÓ DEL TEMPS QUE TENEN VONNEGUT I LOVECRAFT. COM SI EL TEMPS FOS UNA PÀGINA DE "BUSCANT A WALLY" ESTÀTICA I TU ET POTS FIXAR EN AIXÒ O EN ALLÒ. PERÒ QUE NO ÉS UNA COSA LINEAL. SEMPRE HAVIA CONSIDERAT AQUESTA FLIPADA MOLT NORD-AMERICANA. VET AQUÍ QUE ÉS FRANCESA.

MOLTA GENT APLAUDEIX VEHEMENTMENT, COSA QUE NO EM SEMBLA NI BÉ NI MALAMENT PERÒ, MIRA, A LES BARANES DELS BALCONS NO SOM POQUES LES QUE HI TENIM FILFERRETS TRENATS PERQUÈ HEM PENJAT GARLANDETES, TESTS* SURREALISTES PRERAFAELITES QUE TENEN UN CAIENT MALXINAT O UNES GANYES COSIDES QUE HO VAM VOLER FER ARTESANALMENT I QUINA MERDA NO ENS VA SORTIR. DE MANERA QUE APLAUDEIXES AMB COR I ÀNIMA PERQUÈ MILLOR FER LES COSES AIXINS.
NO FOTO RES EN TOT EL DIA NOMÉS PUNYS I TRÍCEPS...
...PER APLAUDIR MÉS FORT
PERÒ MECAGUMDEU QUE T'ESGARRINXES AMB EL COI DE LLAÇET ROVELLAT DE FILFERRO I LA MÀ COMENÇA A RAJAR AMB UN CABDAL DE CULLERADA SOPERA DE SANG PER MINUT I MIG.
PERÒ, QUI HA SIGUT L'IMBÈCIL..?
SI ET FAS 100 COPS PREGUNTES LA RESPOSTA DE LES QUALS ÉS: "JO MATEIX", DESAPAREIXES EN EL NO-RES.
I... QUÈ FAS? VAS A L'HOSPITAL? ET QUEDES A CASA? HI VAS! A L'HOSPITAL SEMPRE HI HA BON AMBIENT. S'HI MENJA BÉ, AL RESTAURANT. HI VAS I QUIN MERDER I QUINA NOSA FAS I TU HAVIES ESTAT APLAUDINT A TOTA AQUESTA GENT A QUI TANT MOLESTES I ET PREGUNTES:
NO EM PODIA HAVER FICAT LA MÀ AL CUL?
DINOSAURI DE PELUIX PERQUÈ LIECHTENSTEIN ENS HA ROBAT LES MASCARETES
DISFRESSA DE BOSSES D'ESCOMBRARIES DEL CARNESTOLTES

ELS MOSSOS HAN PARAT UN GRUP DE GENT QUE PASSAVA PER SOTA CASA FA UNA ESTONA QUE PODRIA FER 10 HORES PERQUÈ ELS DIES I LES ESTONES PASSEN COM EL VOL DE LES MOSQUES. UNA COSA QUE NO NOMÉS NO DISTREU, SINÓ QUE MOLESTA. HAN ATURAT EL BUGA APARATOSAMENT ENTRE ELS DOS CARRILS. A UN SENYOR L'HAN DEIXAT ANAR, ALS ALTRES DOS ELS HAN FET POSAR CONTRA LA PARET I ELS ESBRONCAVEN DES D'UNA DISTÀNCIA PRUDENCIAL. COM QUE A UN METRE I MIG UN POLICIA NO INTIMIDA TANT, EL MADERO HA OPTAT PER UNA GESTICULACIÓ SEVERA I FRENÈTICA.

A LA PARELLA, TAMBÉ ELS HAN FET SEPARAR-SE ENTRE ELLS, DE MANERA QUE HA CALGUT FOTRE'LS LA BRONCA EN LLENGUATGE DE SIGNES DUES VEGADES. DE MANERA QUE, QUAN UN AFRICÀ (O AFROCATALÀ) S'HA ENCAMINAT CAP AL TUMULT BADOQUEJANT, EL MADERO S'HA CANSAT DE COREOGRAFIAR ELS SEUS RENYS MERDOSOS I S'HA FOTUT A ESCRIDASSAR-LO DIRECTAMENT.

I L'ALTRE HA TORNAT PER ON VENIA MENTRE EL MADERO ENCARA L'AMENAÇAVA. MÉS PERQUÈ L'ALTRE ERA NEGRE QUE PERQUÈ ELL ESTIGUÉS TIP DE FER MÍMICA.

SOSPITO QUE QUAN ESTENC LA ROBA ALGÚ DEL VEÏNAT M'ESTEN ELS MITJONS DE DOS EN DOS PER FOTRE'M LES AGULLES D'ESTENDRE. AVUI M'HE QUEDAT EMBOSCAT RERE UNA ANTENA PER ENXAMPARLO IN FRAGANTI-IRIBARNI I NO HE VIST RES NI NINGÚ. TOT I QUE HA PLOGUT NO M'HE MOGUT DEL MEU AMAGATALL. TORNANT A CASA AMB EL CABÀS PLE DE ROBA XOPA HE PENSAT AIXÒ
SI NO HO FA CAP VEÍ, HO DEU FER EL VENT!
JO GAUDEIXO SOSPITANT
UNA COSA QUE DEIA EL CÍNIC CRATES:
SI ELS DÉUS HAN VOLGUT QUE L'HOME HAGI DE MENJAR PER VIURE, PER QUÈ NO EL VAN FER AMB EL CAP MIRANT A TERRA, QUE ÉS ON HI HA LES ARRELS MENJÍVOLES?
UNA COSA QUE DIU EL POSMO-FLIPETTI D'EN NICK LAND:
LA PENYA HUMANA QUAN ANAVEN DE 4 GRAPES, PORTAVEN EL CAP AIXÍ... DE MANERA QUE, QUAN ES VAN POSAR A CAMINAR ERTS VAN HAVER DE RETORÇAR ANTINATURALMENT EL CLOSCALL. DE MANERA QUE ANEM AMB LES VÈRTEBRES ESPINALS ABSOLUTAMENT TENSADES I EN POSICIÓ TOTALMENT ANTIGIMNÀSTICA. I ÉS AQUESTA OBSTRUCCIÓ ANATÒMICA QUE ENS ABOCA A L'ESTULTÍCIA I AL CAPITALISME.
EN RESUM:
CREC QUE SI SUMEM LES DUES PROPOSTES POSTURALS D'EN CRATES I D'EN NICK LAND, LA HUMANITAT SENCERA SERIA MOLT FELIÇ TORNANT A ANAR DE 4 GRAPES AMB EL GANYOT DESTENSAT... MIRANT-SE DIRECTAMENT LA CIGALA!
QUE GROSSA SE'M POSA!
UNA NOVA ARCÀDIA!

UNA COSA SÍ QUE HO TÉ, AIXÒ DE SER L'ESTAT I ÉS QUE COM MÉS FÀCILS SIGUIN LES CONSIGNES, MÉS LA PENYA LES REPETEIX AUTOMÀTICAMENT SENSE ENTRAR GAIRE EN CAP DILEMA MORAL. SI LA CONSIGNA DE L'ESTAT FOS "REVERTIM EL DESGAST PÚBLIC DE LA LLEI DE DEPENDÈNCIA EN UNA MÉS SINCERA MANUTENCIÓ MATRICULAR" DONCS FEINA TINDRIA L'ESTAT: 1) PERQUÈ LA GENT S'HI ARREMANGUÉS 2) PERQUÈ LA GENT HO REPETÍS ALS ALTRES AMB INTENCIÓ ENGRESCADORA. EL QUE PASSA I EM SAP GREU DIR-HO, ÉS EL SEGÜENT:

INCLÚS SER ENGRESCAT ÉS SEMPRE MOLT POC ENGRESCADOR. NO SE PER QUÈ PASSA, PERÒ ÉS AIXÍ, SEGUR. ARA HI HA CERT CORRENT D'OPINIÓ QUE SOSTÉ QUE NO ES PODEN ENGRESCAR A FER CAP DE LES ACTIVITATS PROPOSADES ARRAN DE LA PANDÈMIA SI NO VEUEN UNA PILA DE CADÀVERS AMB LA BOCA OBERTA I LA LLENGUA ASSENYALANT EL SOL FENT DE RAMPA DE PROPULSIÓ DEL VIRUS ESTARRACATS PER LES VORERES. A LA TELE, AIXÒ SÍ.

AQUEST CORRENT EM RECORDA UNA MICA EL QUE DEIA EL BIGOTUT DE LA SALSETA DEL POBLE SEC "SI NO HO VEIG, NO M'HO CREC!" O TAMBÉ EL QUE DEIA MICHAUX "SI LA GENT NO GIRÉS EL CAP, NO HI HAURIA CAVALLITOS!"

UN PROBLEMA QUE TENIM UNA PETITA MINORIA DE GENT AL PLANETA ÉS QUE ESCOLTEM I ASSIMILEM MÉS FÀCILMENT LES COSES SI ESTEM CLAPATS... MOLTA GENT EM VEU DORMINT AL CINEMA, AL TEATRE, A LES REUNIONS DE FEINA, ALS DINARS FAMILIARS... ENFONSANT LA CLOSCA SOBRE UN PLAT DE SOPA COM SI FOS UN CONFORTABLE COIXÍ DE VISCOLÀSTICA... I PENSEN "AQUEST TALÒS MAI CAPIRÀ RES!" NO SABEN COM N'ESTAN, D'EQUIVOCATS!

EL GOVERN MÉS PROGRESSISTA DE LA HISTÒRIA POSA LA GENT A CURRAR A PARTIR DE DILLUNS. ELS GOVERNS, EN GENERAL, VOLEN DISSOLDRE LA POBLACIÓ. MATAR-LA DIRECTAMENT ÉS UNA MANERA DE DISSOLDRE PER UNA ESTONA LLARGA. LA GENT ESTÀ CONSTERNADA PERQUÈ MAI FINS AVUI L'EQUACIÓ "TREBALL = MORT" HAVIA SIGUT TAN REAL.

POSEN AQUESTA PALESTRA PER DISSIMULAR ELS SANTS COLLONASSOS QUE GASTEN.

HI HA GENT COM JO QUE TAMPOC SOM MOLT DE PLORAR ELS MORTS PERQUÈ TENIM LA SÍNDROME DE LA BOCA SECA I A PENES TENIM GLÀNDULES QUE ENS SEGREGUIN SALIVA NI LLÀGRIMES NI RES. TAMBÉ HI HA LA POSTURA DE GENT QUE PREFEREIX NO PARLAR DE LES SEVES TRISTESES PERQUÈ AIXÒ NO ELS LES ENCONGEIX SINÓ QUE ELS LES FA DESCOMUNALMENT PRESENTS. I TAMBÉ HI HA GENT QUE DIU:

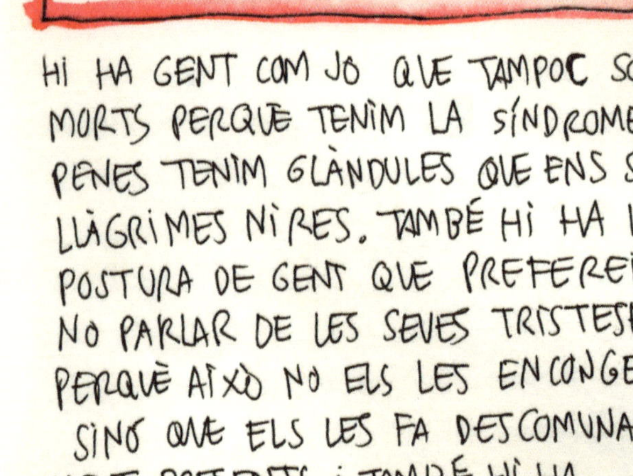

LA CULTURA DE L'OBSOLESCÈNCIA TAMBÉ HA FET QUE LA GENT PENSI QUE QUAN ALGÚ PORTA VIU MASSA ESTONA JA RESULTA AVORRIT I POC INNOVADOR. LA MORT COM A RENOVADORA D'OFERTES.

AVUI HE ANAT A BUSCAR LA MONA DEL PAL 1968-RESCAT A NOVA YORK PERQUÈ, A MÉS A MÉS, QUEIA UNA CORTINA DE FRESCA PLUJA. ARA JA PLOU QUAN VOL, NO COM QUAN NO HI HA CONFINAMENT, QUE NOMÉS POT PLOURE EL CAP DE SETMANA PERQUÈ DE DILLUNS A DIVENDRES LA CONTAMINACIÓ NO DEIXA ENTRAR LA NUVOLASSADA. UNA VEGADA, EN UNA FESTA CIUTADANA TUMULTUOSA, LA FORNERA EM VA

DONAR LA MA ENMIG DEL MERDER PENSANT QUE ERA LA MA DEL SEU MARIT QUE ESTAVA APINYAT DAVANT MEU. PER UNA ESTONA I EN LA CONFUSIÓ DE LES MULTITUDS, EM VAIG SENTIR COM PART D'AQUELLA FORNERA FAMÍLIA. PER AIXO QUAN VAIG A COMPRAR LA MONA ÉS UNA MICA COM SI ANÉS AL MEU PROPI NEGOCI ENCARA QUE REALMENT DE NEGOCI NO EN TINGUI CAP.

TOT AIXO M'HA FET PENSAR EN EL TORTELL DE REIS I EN EL FET QUE POSAR LA FAVA (QUE REMET A LA POLLA HUMANA, DINS D'UN TORTELL, QUE REMET AL GRAN CERCLE VAGINOMATERNAL GAIA-MARE, ÉS UNA MICA UNA CELEBRACIÓ DEL COIT. ÉS UNA RAÓ DE LA CATACRESI CASTELLANA "MENJAR-SE UNA ROSCA". ENCARA QUE EN CATALÀ MAI HE SENTIT DIR A NINGÚ:

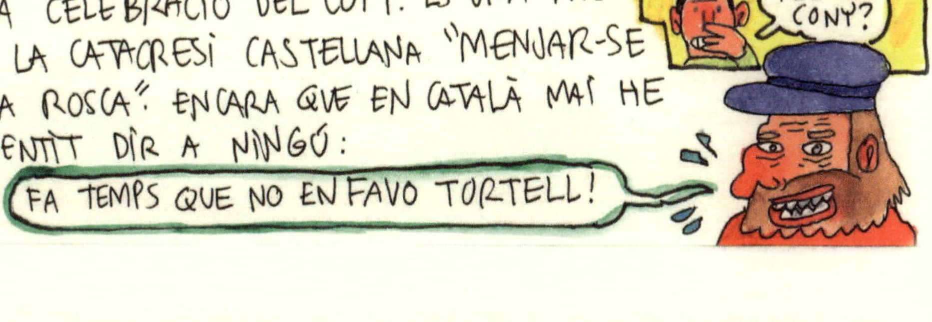

UNA VEGADA VAIG ANAR AL CIRC RALUY I, EN UN NÚMERO, ANESTESIAVEN UN JOVE SALTIMBANQUI I SE L'ANAVEN PASSANT TRAPEZI AMUNT TRAPEZI AVALL AMB TOT EL PES DEL COS INERT I MORT. UNA MICA ÉS EL FUNAMBULISME QUE FEM ACTUALMENT LA CIUTADANIA PERÒ AMB 3 COSSOS MORTS QUE REPRESENTEN ELS 3 GOVERNS: EL CATALÀ, L'ESPANYOL I L'EUROPEU. 3 PESOS MORTS I NOSALTRES TOMBARELLEJANT EN L'AIRE SENSE XARXA.

HE VIST EN WERNER HERZOG AL MANDALORIANO I M'HA AGAFAT UNA MENA DE BUIDOR INTERIOR EXTREMA. PER MI, EL CINEMA JA POT DESAPARÈIXER DEMÀ. TOT ÉS UNA MERDA I EL QUE NO HO ÉS, HO SERÀ. UN ALTRE TEMA ÉS QUE ACTUALMENT SOSPITO QUE LES NOSTRES CUTRE VIDES NO SÓN MÉS QUE PART D'UNA PEL·LÍCULA, PER AIXÒ SÓN TAN MERDOSES.

UNA SOLA COSA QUE M'AGRADARIA ÉS ATURAR UN MOMENT LA PEL·LI D'EXCREMENTS DE CADÀVER EN QUÈ SURTO I PODER MIRAR EL TÍTOL I ELS CRÈDITS. MÉS QUE RES PER SABER SI SOC EL PROTAGONISTA O UN ACTOR TERCIARI O QUATERNARI A LA PEL·LI D'ALGÚ ALTRE. HO DIC PERQUÈ, EN TAL CAS:

ELS PICOLETOS MOLTA GENT DIU QUE NO FAN RES I LA VERITAT ÉS QUE ESTAN FENT UNA FEINA D'ENTRETENIMENT I DIVERSIÓ BASTANT ACURADA. A VEGADES SEMBLA QUE ELS DIRIGEIXI ALGÚ DE "LA CUBANA". ES VEU QUE AHIR AL COMUNICAT POLICIAL QUE PASSEN CADA DIA A TOTS ELS CANALS VAN DIR QUE HAVIEN ATRAPAT UN TIPUS QUE HAVIA ROBAT 50 QUILOS DE TARONGES.

DE FET, NO SÉ SEGUR SI LES HAVIA ROBADES O ÉS QUE NOMÉS LES DUIA AL DAMUNT. ENTENC QUE, EN UN PAÍS ON HI HA HAGUT TANTA CONTROVERSIA AMB EL TEMA DE TREURE A PASSEJAR ELS QUISSOS, LA CONTROVERSIA SOBRE EL DRET A TREURE A PASSEJAR 50 QUILOS DE TARONGES ENS POT DURAR FINS AL GENER. DE FET, PODIA HAVER SET JO PERQUÈ AHIR VAIG ANAR A COMPRAR TARONGES. L'ENCARREGAT DE LA BOTIGA FA DIES QUE NO HI ÉS I PREGUNTO AL SOCI AVIAM ON ESTÀ I EM DIU QUE FA UN MES QUE ESTÀ AL PUNJAB QUE VA ANAR A VEURE ELS PARENTS I QUE NO POT TORNAR, QUE ARRIBARÀ EL 20 I HAURÀ D'ESTAR TANCAT 15 DIES. SORTIRÀ EL 5 DE MAIG. EN PLE SANT JORDI.

INTENTANT ARRIBAR A L'AEROPORT CAMUFLAT DE MÀNEGA DE VENT.
PARLO UNA ESTONA AMB L'ABA PER TELÈFON I M'EXPLICA QUE TÉ UN AMIC A LES FILIPINES QUE NO POT TORNAR A ANGLATERRA PERQUÈ A PENES HI HA VOLS, VIU A 76 KM DE L'AEROPORT I EL PRESIDENT HA ORDENAT DISPARAR A MATAR A TOTHOM QUE S'ACOSTI A L'AEROPORT. SÓN MESURES GOVERNAMENTALS QUE NO SÉ SI ESTAN MOLT EN CONSONÀNCIA AMB LES DIRECTRIUS DE L'O.M.S., PERÒ, VAJA ESTIC CONVENÇUT QUE NO HI HA NINGÚ A LES FILIPINES QUE PENSI QUE EL GOVERN NO PREN MESURES.
EM VAIG A POSAR CD'S D'AQUESTS QUE COMPRO A 50 CÈNTIMS ALS MERCADILLOS DE TRASTOS I QUE DESPRÉS MAI TINC ESMA HUMANA D'ESCOLTAR...
L'ÚLTIM COP EM VOLIEN VENDRE COM UN LLIBRE DE CD'S AMB 5000 CD'S PER 30€! UNA MICA MÉS I ME'L COMPRO! ME L'ARRIBO A COMPRAR I EM MORO, SINCERAMENT.
UN DELS CD'S ÉS DE LA JEANNETE AMB EL SEU GRUP PIC-NIC, ON TAMBÉ TOCAVA EN TOTI SOLER. UNA CANÇÓ TÉ UN COR QUE DIU "GORI-GORI, AI-AI, AI" I EL TROBEM MOLT CÒMIC I ENS PASSEM MIG DIA DIENT-HO PER LA CASA. LA CANÇÓ ES DIU "ESTOY TRISTE" I DIC JO QUE IGUAL EL "GORI-GORI" ÉS EN REALITAT "WORRY-WORRY" EN L'ANGLÈS ORIGINAL.
HAURÉ DE LLENÇAR EL SOFÀ NOU PER TENIR ESPAI PER A AIXÒ!
PENSO QUE POTSER EN TOTI SOLER, AMB AQUESTA CARA DE "NO M'ENTERO" IGUAL VA ACABAR ACOMPANYANT L'OVIDI PENSANT-SE QUE ENCARA ACOMPANYAVA LA JEANNETE.
QUE AFÒNICA ESTÀ!

HI HA COM UNA MENA DE FORÇAR EL 3D A SEMBLAR 1D. POT SER UNA MANERA DE FER-NOS CREURE QUE LES ULLERES DE REALITAT VIRTUAL SÓN D'UNA REALITAT MÉS REAL QUE LA REALITAT. HO DIC PERQUÈ... NO US PASSA QUE QUAN MIREU PER LA FINESTRA JA NO HI VEIEU PROFUNDITAT? A MI, SÍ.

AHIR ESTAVA MIRANT UN STREAMING D'UNA GENT CANTANT I VAIG VEURE AL COMPTADOR QUE NOMÉS HO ESTAVA MIRANT JO. EM VA SEMBLAR QUE ELLS HO VAN VEURE ALHORA I VAN DIR "ARA TORNEM, PENYA!". POTSER ES VAN PENSAR QUE L'ÚNICA PERSONA QUE ELS MIRAVA ERA LA VIKY PEÑA. UNA ACTRIU I/O TELEPRESENTADORA D'ANTUVI.

A VEGADES NO US PASSA QUE QUAN PRENEU UN MEDICAMENT TENIU COM UNA VISIÓ AL VOLTANT DE LA INVENCIÓ O FABRICACIÓ DEL MEDICAMENT? AVUI, QUAN M'HE PRES EL MEU ZITROMAX HE VIST UNA PARELLA DESMANTELLANT UN LABORATORI. POTSER PERQUÈ FA POC HE LLEGIT UN TEBEO INFANTIL SOBRE MARIE CURIE ARA M'IMAGINO EL MÓN DE LA INVESTIGACIÓ COM UNA COVA DE PARELLES BEN AVINGUDES.

EL CAS ÉS QUE CARREGAVEN UNA FURGONETA AMB EL LABORATORI I FUGIEN ENMIG DE LA NIT. PARAVEN EN UNA BENZINERA AMAGADA EN UN BOSC I EL NOI, SENSE VOLER, VOMITAVA DINS EL DIPÒSIT DE LA BENZINA. ES MIRAVEN TRISTOS I DEIEN:

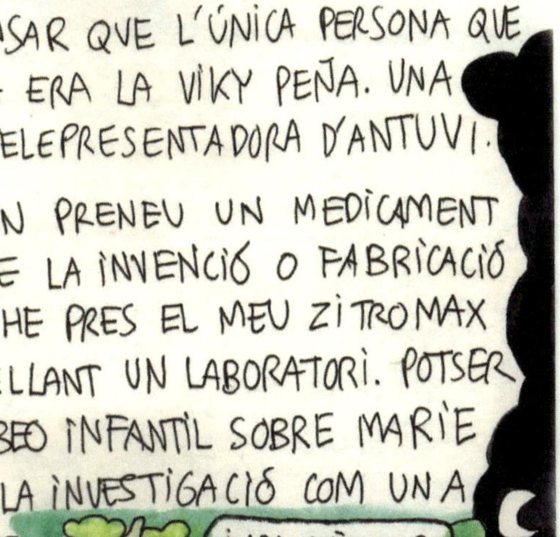

A MI NO M'HA PASSAT PERÒ HO HE LLEGIT EN UN ARTÍCLE DE SALUT MENTAL i PENYA QUE NO SURT DE CASA i DIU QUE, EN UN LÍMIT DE CONFINAMENT SUPERIOR ALS 80 DIES, QUAN T'EIXUGUES EL CUL ÉS MOLT HABITUAL SENTIR UN IMPULS PATERNAL QUE T'EMPENY A BESAR EL RASCLETAT DE MERDA QUE HA QUEDAT AL PAPER.
BRIAN MAY, DELS QUEEN, HA ESTUDIAT EL TEMA MOLT A FONS...
ÉS UNA REACCIÓ ATÀVICA i ANCESTRAL QUE TÉ A VEURE AMB EL GEST D'ABRAÇAR UN NOUNAT.
TAMBÉ HI HA QUI LI PASSA QUE, PER UNA BINARITZACIÓ DE COLORS, VEU EL MARRÓ DE LA MERDA BLANC i S'HO EMPASTIFA PER LA CARA PENSANT-SE QUE HA CAGAT ESPUMA D'AFAITAR!
EL PSIQUIATRE AQUEST QUE ÉS PORTAVEU DEL GOVERN i QUE EM RECORDA UN JIPI DEL MEU POBLE QUE ES VA MORIR D'UN XUTE D'ENCENS JA HA ANUNCIAT QUE OBRIRAN UNES LÍNIES D'ATENCIÓ PSICOLÒGICA i TELEFÒNICA PER A LA PENYA QUE ES TROBI DE SOBTE MENJANT MERDA DE LA BONA. DIFERENTS PROGRAMES DE TENDÈNCIES i APLICACIONS DE MÒBIL DE CATALUNYA RÀDIO JA HAN LLENÇAT UN HASHTAG PER PENJAR-SE SELFIES MENJANT TIFA:
#MENJARTIFAÉSBENDIGNE
OPCIÓ GURMET: RENTAR-S'HI LES DENTS!

A VEGADES PUC NOTAR QUE EL DESENCÍS QUE TINC AMB CATALUNYA ÉS RECÍPROC. COM SI CATALUNYA FOS REALMENT UNA PERSONA. UNA PERSONA QUE VULL ELIMINAR I QUE ELLA TAMBÉ EM VOL ELIMINAR A MI. JA SÉ QUE PENSAR AIXÍ ÉS UNA MICA DE FLIPAT MILSETCENTSCATORZISTA. PERÒ A VEGADES PENSO AIXÒ:
ODIO AQUESTA MERDA. M'ÉS IMPOSSIBLE SEGUIR-LI EL FIL I ÉS IMPOSSIBLE QUE AQUESTA MERDA SEGUEIXI EL MEU.
ESTÀS TONTO?
MENJA'T UN FUSQUITU!
EL 15-M VA ACONSEGUIR ERRADICAR ELS APLAUDIMENTS SONORS DE L'ÀMBIT PÚBLIC, ADOPTANT EL GEST D'APLAUDIR DELS SORDMUTS. LA PANDÈMIA AQUESTA ESTÀ REHABILITANT-LOS ESPANTOSAMENT. ALGÚ QUE APLAUDEIX, NORMALMENT NO PENSA EN RES. AHIR VAIG VEURE LA COMPAREIXENÇA I TOTS ELS PONENTS S'APLAUDIEN UNS ALS ALTRES. L'APLAUDIMENT HA SUBSTITUÏT, FINALMENT, EL LLENGUATGE.
APLAUDIU-ME!
SOC MODEST, EM PINTO COM VELÁZQUEZ
LA PENYA FA MALBE ELS COMANDAMENTS DE LA TELE DE TANT ROSEGAR-LOS. ES PENSA QUE SÓN LES PILES. PERÒ NO SÓN LES PILES. ÉS LA BABA.
VOLIEN COMPRAR TESTS I HAN COMPRAT OLLES.
JA NO ENTEN RES, POBRE.
EL TÍPIC ROTLLO QUE VAS AMB LA MASCARETA PER CASA I CADA COP QUE TASTES LA SOPA O EL SOFREGIT, TE LA LLÀNTIES TOTA... ACABA SEMBLANT UNA GASSA D'UNA MOMIFICACIÓ BARROERA. FETA SENSE HAVER DEIXAT DESSAGNAR EL COS DEL TOT.
SEMBLA LA BARBA DEL CUINER DE TV3!
CONILL
GASPATXO
FIDEUS

DIA #19

AVUI AL MATÍ JA HE SENTIT BASTANT MERDER DE COTXES. HI HA TOT DE PROPIETATS QUE QUAN LA GENT LES ADQUIREIX, SEMBLA QUE COMPRANT-LES COMPRA TAMBÉ AMB ELLES EL DRET D'EMPRENYAR FORTAMENT TOTHOM. EL COTXE ÉS UNA D'AQUESTES MERDES.

EL MEU CARRO SI T'ESTÀS TRES DIES SENSE ENCENDRE'L JA NO TE LA GUSPIRA DE L'ENCESA, UN COP VAIG OBRIR AMB LA CLAU I EM VAIG QUEDAR TANCAT A DINS PERQUÈ NO TENIA BATERIA I S'HA D'OBRIR AMB UNA CLAU QUE SI EL CIRCUIT ELÈCTRIC NO FURRULA, NO SERVEIX PER RES. JA EM VEIA

MORT PER OFEGAMENT DINS DEL COTXE QUE NI TAN SOLS HEM ACABAT DE PAGAR. UN COP VAIG LLEGIR UN CÒMIC ON ENTERRAVEN LA GENT DINS DELS SEUS COTXES. ELS PÀRQUINGS EREN PIRÀMIDES INVERTIDES PLENES DE TOMBES-COTXES AMB ELS SEUS CADÀVERS MOMIFICATS.

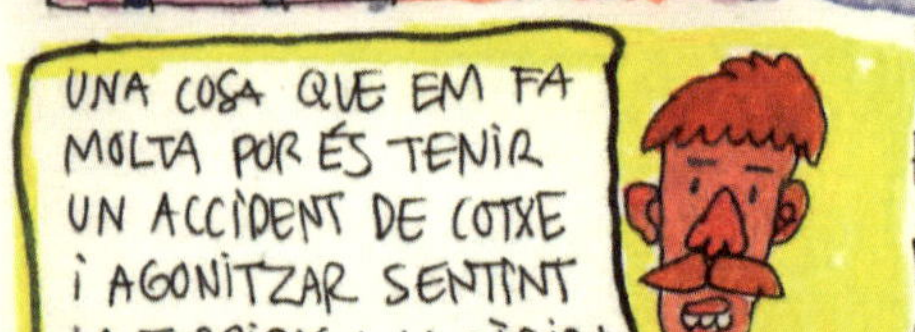

DIA #20

L'ALTRE DIA VAIG AL SENEGALÈS DE SOTA CASA A BUSCAR GINGEBRE PERQUÈ A CASA HI HA UNA PASSA DE **COVID-19** (N'HEU SENTIT A PARLAR? SEGUR QUE NO. MOLTS GOVERNS HO AMAGUEN) I LA SEMO ENS HA RECOMANAT PRENDRE'N. HAVIA SIGUT UNA BOTIGA DE RUSSOS, DESPRÉS D'EQUATORIANS I ARA DE SENEGALESOS. HAN ANAT QUEDANT RESTES DELS ALTRES PROPIETARIS, COM PER EXEMPLE UNA AMPOLLA DE PORCELLANA EN FORMA D'UN COSAC PITOF ESTARRACAT A TERRA. NO SÉ SI L'ESCULTURAL CONTINENT ÉS PROFECIA DE COM ACABARÀS SI LI FOTS AMB ALEGRIA COSACA AL CONTINGUT. EL CAS ÉS QUE HI HA UN ARMARI DE CD DE SALSA I RANXERES COLOMBIANES, PERO ESTAVA TANCAT AMB CANDAU. LI DIC AL NOI SI ME'LS REBAIXA DE PREU, ME'LS DEIXA A 1,5€ CADA UN, PERÒ NO TÉ LA CLAU DEL PORTA CD'S. LI DEMANO DOS TORNAVISOS I ENTRE L'ESFORÇ QUE POSEM EN COMÚ PETEM EL TRASTO. ENTRA UNA CLIENTA, DEPENDENTA D'UNA FRUITERIA DEL COSTAT I, EN VEURE'NS ALLÀ FLIPATS PETANT EL TRASTO (EL NOI DE LA BOTIGA HAVIA PORTAT UN MARTELL I UN GANIVET GEGANT) ES PENSA QUE

SOM ELS TÍPICS MANGUTES MALDESTRES QUE TANT SURTEN A LES SÈRIES I ESTÀ A PUNT DE CRIDAR UN MADERO QUE S'ESTÀ BURXANT EL NAS I ENGANXANT LES BURILLES AL POLSADOR DEL SEMÀFOR DE LA CANTONADA.

ELS SANS QUE DORMIN AMB ELS SANS, ELS MALALTS AMB ELS MALALTS. TOTHOM TÉ AQUESTA TOS AMAGADA SOTA ELS PULMONS. ÉS COM SI CADA VEGADA EL MAL ESTIGUÉS MÉS AL MIG DEL COS. TOTHOM ACABARÀ FORADAT. LA TOS ÉS EL NOU IDIOMA. UN PLANETA MONOLINGÜE. TENIA UN VEÍ TRAQUEOSTOMITZAT. DE RES LI SERVIA SER TAN SIMPÀTIC, I DE VERITAT QUE HO ERA MOLT, PERÒ TOTHOM L'ESQUIVAVA UNA MICA PERQUÈ NINGÚ L'ENTENIA. UNA MICA COM EL QUE LI PASSA A L'ART. ÉS MOLT FÀCIL CAURE BÉ QUAN NINGÚ T'ENTÉN PERÒ SI NO VOLS QUEDAR-TE SOL, MÉS VAL QUE CALLIS. UN DIA VAIG SOMIAR QUE

HAVIEN INVENTAT COM UNS NINOS, UNS TITELLOTS, QUE TE'LS ENDOLLAVEN AL COS QUAN ESTAVES TERMINAL I ET PODIES MORIR CUIDANT EL NINOT QUE ERES TU MATEIX. A LA GENT L'AJUDAVA. ESTAVES CUIDANT ALGÚ QUE ES MORIA AL MATEIX RITME QUE ET MORIES TU. UNA ALTRA MULTINACIONAL PROPOSAVA UNA MENA DE JOC EN QUE UN BARRUFET ET SORTIA PEL NAS QUAN LA DINYAVES, COM SI FOS LA VIDA QUE MARXAVA. PERQUÈ ELS INFANTS TINGUESSIN UNA IDEA DE DIBUIXOS ANIMATS DE LA MORT.

AQUESTS CALÇOTETS QUE MAI NO SAPS QUINA PART ÉS LA DE DAVANT I QUINA LA DEL DARRERE FINS QUE TE'LS HAS POSAT!

SI SUMÉSSIM TOT EL TEMPS DE LA MEVA VIDA QUE HE GASTAT POSANT-ME'LS I TRAIENT-ME'LS, M'HI HAURIA POGUT TREURE EL CARNET DE MOTO AMB REMOLC!

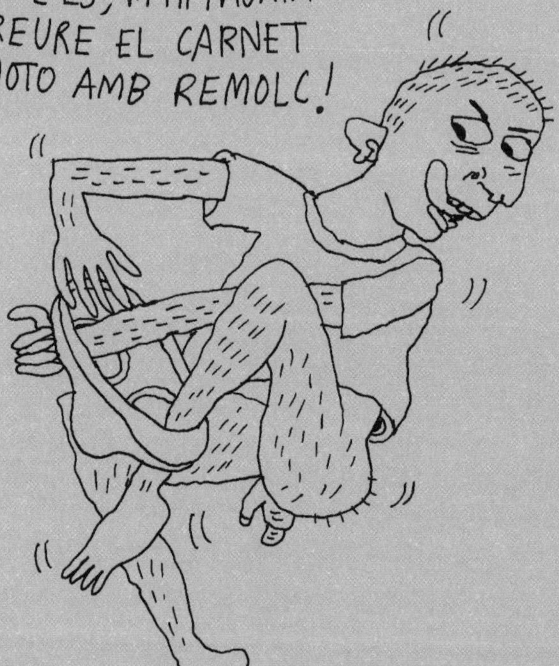

JO VOLIA QUE TOTA LA FAMÍLIA AGAFÉS EL **COVID-19** PERQUÈ VAIG PENSAR QUE SI PERDIEN EL SENTIT DEL GUST POTSER SERIA UN BON MOMENT PER APRECIAR ELS MEUS ESTOFATS I SOFREGITS...

QUAN EM RECRIMINEN QUE PER QUÈ EL MEU ESTIL DE CUINA ÉS TAN POBRE JO SEMPRE ELS DIC QUE LES MENGES QUE FAIG NO S'HAN DE JUTJAR COM A GASTRONOMIA, SINÓ COM A OBRES DE **CUINI-DANSA**, QUE ÉS UNA DISCIPLINA QUE JO HE INVENTAT I VAIG OBRINT-HI CAMINS. MOLTA GENT QUAN VA A COMPRAR AL SÚPER NO GUIPA LA LLISTA PERQUÈ SE'LS ENTELEN LES LUPES AMB LA MASCARETA. EL MÉS BO ÉS QUE, PER GUIPAR-S'HI, S'APUJEN LA MASCARETA A L'ALTURA DELS ULLS I ENCARA S'HI LLUQUEN MENYS.

MOLTA PENYA COL·LISIONA ALS PASSADISSOS I HAN D'ANAR A LA FARMACIOLA DEL SÚPER, QUE NORMALMENT CONSTA D'UNA TIRETA FLORIDA I D'UN BETADINE QUE SEMBLA VERNÍS DE MOBLES DE JARDÍ. PARLANT DE BETADINE, CAL QUE SAPIGUEU QUE EN SERT, EL DIEGO RIVERA CATÒLIC CATALÀ, VA PINTAR ELS SEUS FRESCOS DE LA CATEDRAL DE VIC AMB BETADINE. I AIXÒ ÉS TAN CERT COM SERT.

ARA JA US PODEU ESTIRAR JUNTS, PERÒ PASSA EL DE SEMPRE, QUAN UN VOL ESTAR SOTA LA MANTA, L'ALTRE HI VOL ESTAR A SOBRE I QUAN UN A SOBRE, L'ALTRE A SOTA. DE MANERA QUE ENCARA QUE CAP DELS DOS ESTIGUI MALALT, LA SITUACIÓ ÉS SEMPRE DE SENSACIÓ D'ESTAR AL LLIT AMB UN CADÀVER.
QUIN FRED!
QUINA CALOR!
LA HUMANITAT NO VA COMENÇAR A FILOSOFAR FINS QUE NO VA COMENÇAR A DROGAR-SE. PER AIXÒ LES QUI ESTUDIEN FILOSOFIA ES PASSEN LA CARRERA DROGADES.
EN FI... A QUI LI IMPORTA?
«EL QUE CONSTATEM ARREU NO ÉS NOMÉS EL FINAL DE CERTS ESTILS DE VIDA - DE "DESTRUCCIONS CREADORES" LA HISTÒRIA EN VA PLENA - SINÓ MÉS AVIAT UNA SÈRIE DE CATÀSTROFES A TOTS NIVELLS I A ESCALA PLANETÀRIA QUE SEMBLEN AMENAÇAR LA SUPERVIVÈNCIA DE LA HUMANITAT I LA CONTINUACIÓ DEL QUE HA SIGUT "L'AVENTURA HUMANA" PER SUMIR DE NOU ELS HUMANS A L'ESTAT D'AMFIBIS».
"LA SOCIETAT AUTÒFAGA". ANSELM JAPPE.
LA MÀ DE GLÒRIA ÉS, BÀSICAMENT, UN TALISMÀ QUE CONSISTEIX EN LA MÀ D'UN INFANT AMPUTADA RITUALMENT I LIOFILITZADA COM LES FRUITES QUE ES POSEN ELS PIJOS A LES AMANIDES. GILLES DE RAIS I ERZSÉBET BÁTHORY EN VAN TENIR UNA CADASCUN PERO NO ELS VA SERVIR DE RES PERQUÈ, QUAN LA VAN NECESSITAR, NO LA TROBAVEN, AMB TANTS TRASTOS. NO N'HI HA PROU AMB SER NIGROMANT, TAMBÉ CAL SER ENDREÇAT
РУКА СЛАВЫ

EN AQUEST MALAURAT PAÍS, COM QUE TOTS SOM EXPERTS EN TOT, AL FINAL ÉS COM SI NINGÚ FOS EXPERT EN RES. TENIA UNA BONA AMIGA (DE FET, LA TINC) QUE SEMPRE QUE ES TROBAVA EN UN TRÀNGOL, NO LI QUEIA CAP ANELL PER DIR:
EN FI... POSEM-NOS EN MANS DELS EXPERTS!
DE MANERA QUE EN AQUEST PAÍS, SEMPRE QUE ET VOLS POSAR EN MANS DELS EXPERTS EL MÉS PROBABLE ÉS QUE T'ACABIS POSANT EN MANS DEL PRIMER GILIPOLLES QUE PASSI.
NO FEM XIRINIU! DEDIQUEM-NOS A L'ONCOGENOSI AMB RETREBALLAMENT.
ABANS DE LA PANDÈMIA ERA RELATIVAMENT FÀCIL TROBAR UN GILIPOLLES PEL CARRER... JO EN TROBAVA!
PERÒ ARA ELS HAS D'ANAR A BUSCAR A CA SEVA!
COSA QUE RESULTA MOLT COMPLICADA, PER QUÈ... COM HI VAS? AMB EL NEN? AMB EL GOS? FENT RUNNING? EN HORES DE TREBALL? EN HORES DE TELETREBALL? A MOLTA GENT ELS SEUS JEFES ELS ESTAN VIDEOCONFERENCIANT CADA 10 MINUTS! MOLTA GENT ES FA COM UNA MINITRAMOIA DE MOTXILLA QUE S'ENGANXA A L'ESQUENA PER SIMULAR ESTAR A CASA QUAN VA A VEURE SI JA HAN OBERT LA "BOLERA" O EL BINGO.
SRTA. RESISQUELLA, PER QUÈ LA PARET DEL DARRERE ES BELLUGA QUAN VOSTÈ BELLUGA?
UÈ?
MOLTA GENT NO SORTIM AL CARRER PERQUÈ ENCARA NO HEM ENTÈS QUE ES POT SORTIR SENSE BOTES D'ANAR A ESQUIAR I MAI N'HEM TINGUT. DE MANERA QUE ARA QUE TOTHOM NECESSTA UN GILIPOLLES, ÉS QUAN MÉS DIFÍCIL SÓN DE TROBAR! QUIN HORROR!

ÉS BONIC FOTRE'S AQUESTES SANTES CLAPADES QUE ET PERMETEN OBRIR LA TRAPA DE LES GOLFES DEL TEU PROPI ESSER!
SI QUE ÉS ESTRET AIXÒ!
I T'ADONES QUE EL TEU SUBCONSCIENT ÉS IGUAL DE RAQUÍTIC, LLÒBREG I POC ESTIMULANT QUE EL TEU CONSCIENT.
CADA COP QUE PARA DE PLOURE BUSCO ALS CELS L'APOCALÍPTIC SENYAL DE L'ARC DE SANT MARTÍ INVERTIT DE LA FI DELS DIES...
A LA PARET DEL MEU SUBCONSCIENT...
1979
GENER
UN CALENDARI DE L'ANY 79 D'UNA BOTIGA DE MENJAR DE GAT I RATICIDES!
EN UN ALTRE DESORDRE DE COSES, M'AGRADARIA SABER FINS A QUIN PUNT EL CAS DE L'ASSASSÍ DE SENSESOSTRES NO HA SIGUT UNA COSA SUBVENCIONADA EN EL SENTIT QUE D'AQUESTA MANERA SEGUEIXEN TENINT CASOS PER FER LA TRUCULENTA SÈRIE DE SANGUINOLENTS ASSASSINATS "CRIMS".
UN DUBTE legítim
SI ES MOR TOTA LA GENT DE MÉS DE 70 ANYS... PER QUI SEGUIRAN TRAIENT "LA VANGUARDIA"?
MATEU-VOS UNA MICA, QUE SI NO FEM "CRIMS" US POSEM LA RAHOLA
EL TÍPIC GALTACOLLÓ DE TV3.
ARA QUE LA NASA HA DESCLASSIFICAT TOTS ELS EXPEDIENTS OVNI POTSER SERÀ EL MOMENT QUE SABREM SI EN JUAN CARLOS S'HA FOLLAT 3 o 4 EXTRATERRESTRES!
PER AIXÒ LA PENYA S'ASSASSINA!

SEMPRE QUE TINC SOMNIS ANGOIXANTS TORNO A L'ÈPOCA DE L'INSTITUT. DEU SER L'EDAT DE L'ANGOIXA. AVUI HE SOMIAT QUE ANÀVEM DE VIATGE VIRTUAL DE FINAL DE CURS A PORTUGAL. TOTS ELS ALUMNES I MESTRES ACOMPANYANTS ANAVEN A UNA MENA DE GIMNÀS I ES POSAVEN LES MÀSCARES DE REALITAT VIRTUAL. UNA AMIGA I JO ESPERÀVEM A POSAR-NOS-LES ELS ÚLTIMS I, QUAN ENS TOCAVA, ELS LES POSÀVEM A UN PARELL DE QUISSOS QUE HAVÍEM TROBAT PEL CARRER I ENS N'ANÀVEM A RONDAR UNA SETMANA PER BOSCOS I BARS. ERA UN MÓN ESTRANY, ERA UN MÓN AMB MOLTA MENYS GENT.

ÉS LA TÍPICA MOGUDA QUE ELS MESTRES DEL MEU INSTITUT GAUDIEN D'EXPLICAR. ENSENYAMENTS ON SORTIS LA PARAULA "PORC" I LA PARAULA "HEROÏNA". EREN ALTRES TEMPS.

COM SERÀ LA NOVA OLOR DE RANCI? COM SERÀ EL MÓN MÉS ESPANTADÍS I MENYS RELAXAT QUE ENS ESPERA? MOLTA GENT ESPERA QUE EL TÍPIC JAIO FUMETA QUE ES CREUAVEN A LES 8 DEL MATÍ POTSER JA NO FUMI SI NO HA MORT. MOLTA GENT A QUI MOLESTAVA EL TÍPIC DESQUEFERAT FUMAPUROS DE LA PLAÇA DEL MERCAT TAMBÉ PENSA COFOIA QUE AL POBRE XAVAL JA SE LI HAN ACABAT ELS PUROS. TOTS PENSEM QUE D'ALTRES FEIEN COSES MALAMENT QUE SI SÓN VIUS JA NO PODRAN FER. SEMPRE QUE ES MOR ALGÚ HI HA ALGÚ QUE LI DIU A ALGÚ ALTRE QUE DEIXI DE FUMAR.
NO TINC RUMB PER'XÒ FAIG FUM
SIMPLE POLSEGÓS!
FEMINISTES, NO US ENTEREU.
EL TÍPIC LLEPAT
NO LLEGINT OBRES D'HOMES DEL SEGLE XIX SEGUIU PUTEJANT LES DONES, JA QUE LA MEITAT DE COSES SIGNADES PER HOMES DEL XIX ELS HO ESCRIVIEN LES SEVES DONES
JO TAMBÉ VULL SER EL TÍPIC LLEPAT ESCRIPTURAT QUE FA EL MANDONGUILLA ALLÀ AL DEGANAT.
UNA COSA QUE HE TROBAT ESCRITA EN UNA LLIBRETA DE 2011 AMB GRAFÍA D'ORFE SEMIMUTILAT: "RECONEIXEREU UN FILÒSAF PERQUÈ LA PENYA FARÀ SERVIR LA SEVA POLLA TOVA PER TREURE'S LA CERA DE LES ORELLES"
ANAR EN PILOTES ÉS MÉS HIGIÈNIC! HO DIU POMPEU FABRA.
M'AGRADARIA QUE " " " FOS PARE D'ANDREA FÄBER-KAISSER I QUE ANDREA FÄBER KAISSER FOS PARE DE LA BADER MEINHOFF!
RAF

POTSER QUAN TORNEM ALS LLOCS DE TREBALL JA NO RECORDEM QUI ERA LA NOSTRA CAP I POTSER LA MALALTIA HA DINAMITAT LES JERARQUIES PER DISTRACCIÓ I OBLIT. ET PODEN FER FORA DE LA FEINA PERQUÈ JA NO SAPS QUI MANA? CALDRÀ MIRAR EL CONVENI.

PARLANT DE JERARQUIES, ÉS DIVERTIT QUE EL FESTIVAL AQUEST DE **MERDA** DE BARCELONA EL FARAN DES DE LES TEULADES I TERRATS. UNA MICA PER QUEDAR POSICIONATS MORALMENT PER DAMUNT DELS BALCONS. SI EN VOLEN FER UN DE SUPOSADAMENT MÉS ELITISTA (EL JARDINETS DE PEDRALBES PANDÈMIC FESTIVAL) JA L'HAURAN DE FER AMB ELS ARTISTES ENFILATS A LES XEMENEIES.

EN **BUENAFUENTE** ÉS EL TÍPIC HUMORISTA QUE NOMÉS FA GRÀCIA ALS SEUS ASSALARIATS.

LA PENYA S'HA ACOSTUMAT A FOTRE-LI AL LLEIXIU ALEGREMENT. QUAN CAGUES, EL XIPOLL T'ARRIBA A ESQUITXAR L'ANELL ANAL I PER L'EFECTE LLEIXIU, TE'L BLANQUEJA. JUST ARA QUE TOTS ANEM AMB L'ULLERA PÀL·LIDA, M'HAN DIT QUE LA PROPERA TEMPORADA JA ES TORNARÀ A LLUIR ANUS MORENESC.

UNA VEGADA VAIG CURRAR AMB UN NOI QUE FEIA VEURE QUE ERA EPILÈPTIC I SOVINT ES TIRAVA PEL TERRA DEL MAGATZEM ESCAMPANT CAIXES DE MATERIAL PELS AIRES. M'HO VA CONFESSAR ANYS MÉS TARD, UNA TARDA QUE ME'L VAIG TROBAR FENT CUA A CA L'ORTO-DONTISTA. QUAN LI VAIG PREGUNTAR PER QUÈ HO FEIA EM VA CONTESTAR...
US VEIA TAN DESANIMATS!
... PER DISTREURE-US!
AH, CLAR!
ARA POTSER JA NO ÉS UNA PREOCUPACIÓ IMMEDIATA, PERÒ DURANT MOLT TEMPS A LA GENT JOVE QUE CONEC (O SIGUI, UNA FILLA QUE TINC) ELS HA PREOCUPAT MOLT LA FALTA D'ESPAI AL PLANETA. FINS AL PUNT QUE QUAN SUPOSAVA QUE JA HAVIA TRET UN 5,5, ENTREGAVA L'EXAMEN...
EM PLANTO, MESTRE! TREURE MÉS NOTA ÉS OMPLIR MÉS EL MÓN DE MANERA EGOISTA!
LA GENT FENT GIMNÀSTICA A CASA SEGUINT TUTORIALS SI TE'LS MIRES D'UNA FINESTRA DES DE L'ALTRA BANDA DEL CARRER FAN UN EFECTE ÒPTIC QUE SEMBLA QUE ESTIGUIN FOLLANT.
TOTHOM FOLLANT...
...I JO EM FOTO MÉS PALLES QUE EN JOSEP CARNER!
HEM ANAT A VOLTAR PEL RIU I HEM PESCAT UNA PILOTA DE TENNIS AMB UNA CANYASSA MOLT LLARGA!
JA LA TENIM!
AL RIU HEM TROBAT UN AMIC QUE TREBALLA AMB DERIVATS DEL PETROLI I ENS HA DIT:
NOSALTRES ANEM A TOTA CASTANYA, COM QUE EL PETROLI HA BAIXAT, ELS AMOS COMPREN PER FABRICAR BARATO... SI EL PETROLI BAIXA: ENS TOCA CURRAR MÉS. SI EL PETROLI PUJA: ENS TOCA CURRAR MÉS. MAI ENS TOCA CURRAR IGUAL.
COLLONS AMB EL PETROLI!

DIA #30

HEM MIRAT "SEVEN", QUE LA FAN A LA TELE QUE HI HA A CASA I HEM FLIPAT UNA MICA AMB EL TEMA QUE ELS QUI L'HAVÍEM VIST RECORDÀVEM QUE EL CAP DE LA CAIXA **ES VEIA** I EN REALITAT, NO ES VEU. A MENYS QUE SIGUI LA VERSIÓ NOVA D'ALGÚ A QUI NO LI VA AGRADAR LA IMATGE DEL CAP A LA CAIXA. RECORDAR UNA COSA QUE ÉS MENTIDA ENS HA DIT LA PETITA QUE ES DIU **EFECTE MANDELA**. QUANTES XORRADES EM QUEDEN ENCARA PER APRENDRE? MAI NO HO SABRÉ. ESPERO QUE MILIONS. DE XORRADES MAI ME'N CANSO! BENJAMIN ROBERT HAYDON FOU UN PINTOR ROMÀNTIC QUE VA PINTAR WORDSWORTH AL SEU QUADRE "ENTRADA DE JESUCRIST A JERUSALEM". ES VA SUICIDAR ALS 60 ANYS DESPRÉS DEL FRACÀS D'UNA EXPO QUE VA PER. EN

PART, ADMIRO ELS ARTISTES QUE FAN COSES DE CLIXÉ JUVENIL ROMÀNTIC AMB ... 60 ANYS! PAVO, PORTES 60 ANYS VIVINT DE LA PINTURA I ET SUICIDES JUSTAMENT ARA? T'ADORO! NO TOT ESTÀ PERDUT! EM RECORDA LA BONA DE LA FRANÇOIZ BREUT PORTANT ELLA MATEIXA ELS CDS A LA BOTIGA SURCO. L'ENDEMÀ DE TOCAR A BCN. DEIXA 4 O 5 CÒPIES DEL NOU DISC. NO SÉ SI EN DIPÒSIT I TOT. EN TINC UNA CÒPIA! ARA NO LA TROBO! PERÒ NOMÉS DE SABER QUE L'HA TOCAT AMB LES SEVES MANS EM MORO DE GAUBANÇA INFINITA. UN COP VAM ANAR A VEURE EL JOE KING CARRASCO AL ROCKSOUND I QUAN VA ACABAR, ENS VA ESTAR ENSENYANT FOTOS PER GOOGLE MAPS D'UN TERRENY QUE S'HAVIA COMPAT A MÈXIC!

ELS **AMOS** NO
S'ASSEMBLEN ALS
SEUS **GOSSOS,**
S'ASSEMBLEN A LES
CORRETGES
AMB QUE
ELS LLIGUEN.

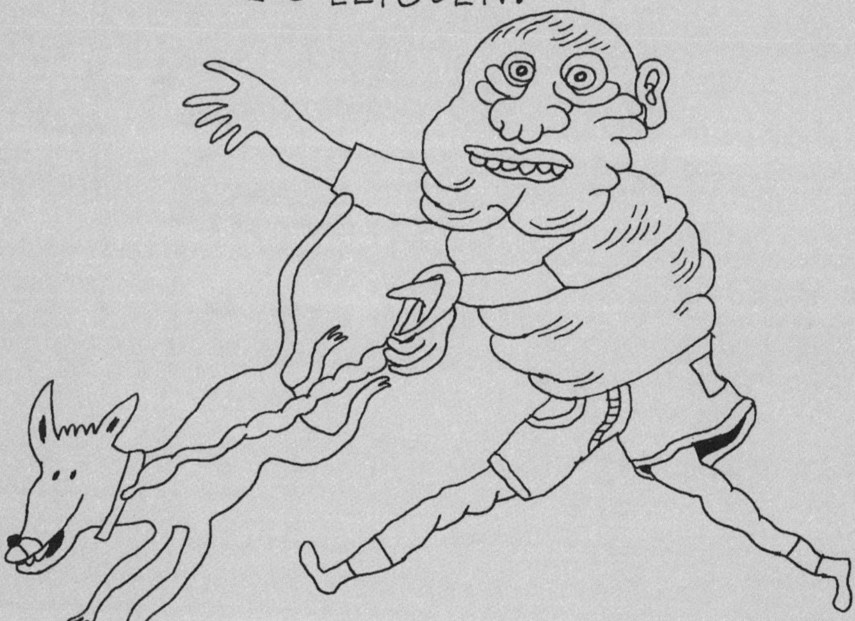

NO ÉS QUE ESTIGUEM TOT EL DÍA MIRANT PER LA FINESTRA I MENYS FINS ARA QUE NO HI HAVIA RES A VEURE; PERÒ ARA QUE HI COMENÇA A HAVER CERT SUQUI-SUQUI, TRAIEM EL MUSELL AVIAM QUÈ PASSA. AVUI HEM VIST UNA PARELLA INTENTANT ENCABIR UNA ESPASA GEGANT DINS D'UN COTXE. NO ENS HA ESTRANYAT GAIRE PERQUÈ ÉS EL DIA INTERNACIONAL DE STAR WARS I ELS FANS DE STAR WARS JA DEVEN SER GENT QUE FA COSES D'AQUESTES. ALGÚ A CASA HA DIT QUE POTSER ERA PER TALLAR EL CAP D'ALGUN MOSSO QUE ELS ATURÉS EN UN CONTROL. I UNA ALTRA HA DIT "POTSER VAN A UN ANIVERSARI!" I DESPRÉS JA NINGÚ HA DIT RES MÉS.

POESIA

SI TREUS 3 SIS
JUGANT AL PARXÍS
TORNES A CASA
QUE ÉS L'ANTICRIST.

SI TOTA LA GENT DEL MÓN QUE PORTA UNA SAMARRETA AMB EL NOM D'UNA CIUTAT DELS ESTATS UNITS D'AMÈRICA, DE SOBTE HI ANÉS A PETAR COM PER ART D'ENCANTAMENT SE SOLUCIONARIA DE SEGUIDA EL DRAMA DE L'HABITATGE A CATALUNYA!

AVUI HE ESTAT TRUCANT AL C.A.P.
I LA DONA QUE M'HA ATÈS PRIMER
HO HA FET EN CATALÀ, DESPRÉS EN
CASTELLÀ I DESPRÉS M'HA FET COM
UN GRUNY GREU I AGUT I M'HA DIT
QUE JA NO PODIA PARLAR NI CATALÀ
NI CASTELLÀ. COSA QUE HE TROBAT
MOLT DIVERTIDA. DEL PAL "ET TOCA
ATENDRE LA GENT PERÒ VAS PRO-
VANT EN QUIN IDIOMA T'ENTENEN
MENYS." DE FET, NO HO FAS NI PER
FASTIGUEJAR, HO FAS PERQUÈ LA
GENT CONSTATI LA IMPORTÀNCIA D'EN-
TENDRE'S. JO TRUCAVA PER DEMANAR HORA I M'HE TROBAT DE
MORROS AMB UNA LLIÇÓ UNIVERSAL. M'AGRADARIA SER AQUESTA
DONA I ATENDRE LA GENT ENTRANT EN TRÀNSIT I PARLANT
ALGUNA VARIANT DIALECTAL VERNACLA DE L'AVERN. TOTA LA
GENT QUE ESTÀ EN UN INFERN LABORAL HAURIA DE PAR-
LAR SATANASSESC. IDIOMES QUE S'INCLOUEN EN EL
SATANASSESC...
NOMÉS S'HAURIA DE PARLAR PER TELÈFON PER JUGAR AL JOC DEL TELÈFON PER TELÈFON.
MISSATGES MÉS RARS DE DESCODIFICAR QUE EL CODI D'HAMMURABI
SI VOL SER ATÈS PER UNA PERSONA VIVA PREMI CODI + COIXINET + ARROVA I DIGUI EL NOM D'UN PINTOR.
BOTZINES de COTXE
BOOOARR
SOTA CADA CAPÓ HI HA UN FETUS TORTURAT
XIULETS D'ÀRBRITRE O MUNICIPAL.
PRRRRRRRI
NECESSITO UN DICCIONARI XIULET-HUMÀ HUMÀ-XIULET.
COMPTES ESTRANYS QUAN ET TORNEN MALAMENT EL CANVI.
43-2·√25 + 2/3 x 2x5/58'3
FELICITACIONS ESTRANYES A LA BÚSTIA del MÒBIL
FELICITATS HAS GUANYAT MORIRÀS MOSSEGADA PADRINA CARN QUE MOR A DOJO.
GENT ZERO MÍSTICA IMITANT CANTANTS DE FOLK MÍSTIC
EL GRIPAU GRAN LOBOTOMITZAT AL MIG DE L'ESTANY D'ASFALT. OH, CRANC OH, FANG
SATANAS ÉS EN TOTHOM

PER QUÈ SERVEIX JUGAR A CARTES AMB ELS INFANTS? PER TREBALLAR AQUELLES PARTS SEVES A LES QUALS LA SEVA NATURA NO ÉS TAN PROCLIU. ÉS PER AQUESTA RAÓ QUE, QUAN JUGUEM AL 4 CARTES I HI HA EMPAT, PERD QUI S'HA PLANTAT. ÉS UNA MESURA TIMIDÒFILA QUE CASTIGA LA JUGADORA FANFA. EL CAS ÉS QUE A CASA HI HA GENT TÍMIDA QUE NOMÉS FALTA QUE LA BONIFIQUEM PER SER TÍMIDA QUE MAI ALÇARÀ EL CAP A NINGÚ. DE MANERA QUE CADASCÚ GUANYA L'EMPAT DEPENENT DE LA SEVA PSIQUE. LES FANFARRONES GUANYEN SI NO ES PLANTEN, LES TÍMIDES GUANYEN SI SÓN LES PRIMERES A DESTAPAR-SE. COM QUE AL FINAL ÉS UN MERDER SABER QUI ES CONSIDERA I ÉS CONSIDERADA COM UNA COSA O ALTRA, APUNTEM ABANS D'INICIAR LA PARTIDA DE QUINA FAISÓ JUGARÀ CADASCUNA. PERÒ QUAN TREUS UN VAILET, POTS CANVIAR EL MODE DE QUI VULGUIS. PER JUGAR AMB CANALLA COM SI HI HAGUÉS ALCOHOL A LA PARTIDA, US SUGGEREIXO JUGAR A DOS JOCS SIMULTANIAMENT. PER EXEMPLE, UNA LOCOMOTORA (RE-MIGIO FRANCÈS) I UN MISTIGRI-PINTA-BIGOTIS. TAMBÉ POTS DROGAR LA CANALLA I NOMÉS JUGAR A UN SOL JOC. PERÒ COM QUE LES DROGUES EN GENERAL TORNEN BASTANT PELMA LA GENT, PREFEREIXO PRENDRE-LES JO I QUE ELS ALTRES NO HO FACIN.

LA MEVA PREDISPOSICIÓ.
INTENTAR AJUDAR A LA PENYA I QUE NINGÚ VULGUI QUE L'AJUDI M'HAURÍA DE FER REFLEXIONAR SOBRE QUINA MENA DE PERSONA DEC SER REALMENT...
DEIXA, JA T'HO PORTO!
FUIG, PODRIT!
PERÒ LA VERITAT ÉS QUE NO PERQUÈ PROU BÉ QUE HO SÉ DE SOBRES!
VINE, AQUÍ MANYAC!
AI!
NO M'AGRADA GAIRE PARLAR AMB LA GENT PERÒ... SI NO PARLO AMB GENT NO ESTIC SEGUR DE RES.
...de veritat us pensàveu que aquest cop seria DIFERENT?
AQUEST PAÍS ÉS ESPECIALISTA A CONVERTIR QUALSEVOL COSA EN UNA PATOTXADA FEIXISTA CARNAVALESCA... QUÈ US FEIA PENSAR QUE AMB UNA PANDÈMIA SERIA DIFERENT?
CARAJILLO D'ESTRAMONI
HE VIST XURMA DE REVISTES VIGO-SUBVENCIONADES I DE RÀDIOS ÜBER-COMERCIALOIDES RIURE'S DELS FANZINES I DELS IPODS I PROGRAMES DE RÀDIOS LLIURES PER LA SEVA SUPOSADA FALTA DE QUALITAT TÈCNICA... ARA QUE LES REVISTES I PROGRAMES COMERCIALS MERDOSOS ELS FAN SOTA MÍNIMS DE MITJANS ES VEU LA CRUA REALITAT: QUE ELS MITJANS LLIURES I NO DEPENENTS DE GRUPS EMPRESARIALS LIBERAL-CAPULLOS TENEN MIL VEGADES MÉS CONTINGUTS I CINC MIL VEGADES MÉS LLIBERTAT.

M'ANIRIA BÉ QUE LA GENT APLAUDÍS A LES 12 EN COMPTES DE LES 8 DE LA TARDA PERQUÈ ÉS L'HORA QUE EM FOTO AL LLIT I EM SERVIRIA PER RECORDAR QUE HE DE DEIXAR LES SABATILLES FORA DEL DORMITORI, QUE FAN UNA CATIPEN QUE A MITJA NIT HE DE TREURE EL CAP PER LA FINESTRA PER VOMITAR.
JA EM DEIXO EL LICOR DEL POLO A L'AMPIT DE LA FINESTRA
MIRO UNA GRÀFICA DE MORTS AL MÓN I, INDEPENDENTMENT DE NO ENTENDRE RES, EM FIXO EN UNA COSA...
LA LÍNIA DELS EUA ESTÀ REPRESENTADA PER UNES BOLES XINESES!
¡LES BOLES XINESES TENEN FORMA DE ROSARIS!
FINS AQUÍ, LA MEVA ANÀLISI!
MOLTA GENT SURT AL CARRER I VOL ABRAÇAR UN ARBRE PERÒ FA TANTS DIES QUE NO EN VEU CAP DE PROP QUE ABRAÇA UN JAIO VESTIT DE PANA.
DONA'M LA TEVA SABA!
CONXITA, ÉS UN JAIO!
ÉS FACTOR DE RISC!
EL MEU AMO AM BEN
EL TÍPIC COTXE AMB LA NOTA ON HI DIU 'EL MEU AMO AM BEN' COM SI JO FOS TAN TONTO DE CREURE'M QUE EL COTXE SAP ESCRIURE I, SUPOSANT QUE M'HO CREGUÉS, QUE EM COMPRARIA UN CARRO QUE TÉ LLETRA DE PSICOPATA I QUE FA FALTES D'ORTOGRAFIA.

UNA COSA QUE M'AGRADARIA PROPOSAR AL GOVERN DE MERDA DEL PAÍS DE MERDA EN QUÈ VISC ÉS QUE ELS MOSSOS D'ESQUADRA ES PASSESSIN A DIR MONCHOS D'ESQUADRA EN MEMÒRIA DEL MÍTIC GITANO CANTANT DE BOLEROS. I, PER NO TACAR LA SEVA MEMÒRIA PERJUDICANT LA POBLACIÓ, FARIA QUE EL GOVERN ELS PAGUÉS PER ANAR VESTITS COM ELL I CANTAR COM ELL CANTAVA. SERÍEM EL 1r PAÍS DEL MÓN A SUBSTITUIR UN COS POLICIAL PER UN COS DE CANTANTS DE BOLEROS. MARCANT UN ESTIL DE CAMÍ A SEGUIR.
♫ PORQUE CON TUS BESOS NO ENCUENTRO DULZURA ♫
MOLTA GENT DIU QUE LI AGRADA ESTAR CONNECTAT A L'INFANT QUE VA SER. JO PREFEREIXO ESTAR CONNECTAT A L'ADOLESCENT ON AQUELL INFANT VA MORIR
DEIXI'M EN PAU, VELL DE MERDA! PEDÒFIL DE SI MATEIX!
POSAR-SE LES SABATES ÉS LA PRIMERA AUTO-CASTRACIÓ DIÀRIA, SEGONS THOMAS BERNHARD. QUAN VE EL BON TEMPS, HAURIA D'ESTAR CONTENT D'ANAR AMB XANCLETES PERQUÈ SÓN MENYS SABATES. PERÒ SEMPRE ARRIBO TARD AL DECATHLON I ME N'HE D'EMPORTAR UNES 5 TALLES MÉS GRANS. SEMBLA QUE CALCI UNS TAÜTS INFANTILS.

M'AGRADA QUE LA GENT QUE TÉ GOSSOS HAGI APROFITAT QUE NINGÚ LA VEU PER DEIXAR LES TIFES AL CARRER PERQUÈ ELS CARRERS ESTAN PLENS DE LLE-PADES DE MERDES I ÉS UNA MICA COM SI LA CIVILITZACIÓ ESTIGUÉS ASSENTADA EN UNA MENA DE RAMPA DE DESCENS D'UNA GRAN CAGADORA CÒSMICA.
SERÉ CAPAÇ D'ESQUIVAR EL GRAN LABERINT DE LLEPADA MARRÓ?
NO AL TELETREBALL SÍ AL RADIODESCANS!
AVIAM SI EN CUNÍ, EN BASTÉ I LA TERRIBAS CALLEN NI QUE SIGUI UN TRIMESTRE!
ELS QUI TENEN UN DISCURS BEL·LICISTA SOBRE LA GRIP NOVA VOLEN QUE ELS JAIOS QUE HI SOBREVISQUIN VISQUIN, COM ELS SUPERVIVENTS D'AUSCHWITZ, ANGOIXATS DE CULPABILITAT...
... L'ANY QUE ELS QUEDI, PERQUÈ LA PROPERA ONADA SE'LS EMPORTARÀ SEGUR.
AHIR VAIG MENJAR UN KEBAB I UNA MICA MÉS I PEREIXO SUPOSO QUE M'HE DESACOSTUMAT POTSER HAURIA DE DIR "HO DEIXO".
SEMBLAVA UN ESTABLIMENT DIFERENT DE QUAN VAN TANCAR I ERA PER LA BAIETADA DE 25 DIES I ESCAIG.
ESTIC NI CONTENT NI ENFADAT QUE HAGIN PASSAT LA BAIETA PERÒ RECORDEU EL REFRANY "NO ES FA BON MENJAR EN CUINA NETA".
EL COMBINAT DE L'ESTIU, EL GINTÒNIC DE LLEIXIU!
"LA NETEDAT HA MATAT TANTA GENT COM LA BRUTÍCIA".

ELS POLÍTICS JA ESTAN FENT DECLARACIONS TOT EL DIA, BROMES TONTES, INCONGRUÈNCIES, ACUDITS PRIVATS I SUPOSADA MERDA MOTIVACIONAL QUE PROVOCARIA EL SUÏCIDI DEL GUIONISTA DE MR. WONDERFUL. EM FA PENA PELS TÈCNICS DE SO I ELS MUNTADORS D'ATRIS I PALESTRES I ALTRE ATTREZZO. UN COP VAIG HAVER DE MUNTAR UN ATRI PER UNA COSA D'AQUESTES I EM VA QUEDAR L'ESCUT A LA PART DE DINTRE, VAM HAVER D'IMPRIMIR-NE UN BAIXAT D'INTERNET PERÒ NO VAM TROBAR EL QUE BUSCÀVEM I VAM POSAR EL D'UNA FÀBRICA ARTESANAL DE PATATES XIPS QUE S'HI ASSEMBLAVA. NINGÚ HO VA NOTAR. ENCARA L'ALTRE DIA VAIG VEURE EN UNES DECLARACIONS A LA TELE LOCAL QUE... 3 ANYS DESPRÉS ENCARA HI ERA!

LA GENT QUE APLAUDEIX **LÍDERS** NO ES MEREIX LA **DEMOCRÀCIA**.

MOLTA GENT ES GRAVA A LA NIT PER SABER SI PARLA DORMINT I ES DIU SECRETS QUE POTSER LI FAN L'EXISTÈNCIA MÉS VIVIBLE. UN AMIC VA SENTIR LA CINTA I ES VA ADONAR QUE, DURANT LA NIT, TOTA LA FAMÍLIA PORTAVA UNA EXISTÈNCIA PARAL·LELA MÉS RICA I INTERESSANT DE LA QUAL ELL NO ERA PARTÍCIP.

AVUI HE SOMIAT QUE ANAVA A UN CAMP AMB TOT DE GENT FENT VOLAR ESTELS I N'HI HAVIA TANTS I RETANTS QUE EM COMENÇAVA A ENFILAR CEL ENLAIRE AGAFANT-ME D'UN FIL D'ESTEL A UN ALTRE. ARRIBAVA TAN AMUNT QUE LA GENT COMENÇAVA A PLEGAR I CADA COP HI HAVIA MENYS FILS, DE MANERA QUE M'ENGANXAVA A LA SUPERFÍCIE D'UN GRAN ESTEL AMB UNA VENTOSA.
ELS DESVAGATS DE LA HISTÒRIA SÓN ELS MEUS REALS AVANTPASSATS. MOLTA GENT DIU QUE DELS "VAGOS" LA SOCIETAT MAI N'HA TRET RES. DISCULPEU, EL PLA DE L'OS DE LES RAMBLES DE BARCELONA ES DIU AIXÍ PERQUÈ ALLÀ PARAVEN TOTS ELS DESQUEFERATS QUE TENIEN "UN OS A L'ESQUENA".
A MI M'ÉS BEN IGUAL QUI GOVERNI: JO SEMPRE M'HO PASSO BÉ!
HA HA HA
EL PROPER COP QUE ALGÚ US PREGUNTI "QUÈ HEU APORTAT ELS OCIOSOS A LA SOCIETAT?" PODEU RESPONDRE "TOPÒNIMS!". ELS "VAGOS" POSEM NOMS ALS LLOCS I A LES COSES.
ELS ENFEINATS PARLEU L'IDIOMA QUE NOSALTRES HEM CREAT.
L'EXTREMA DRETA INTENTANT SER PUNYENT RESULTA TAN RIDÍCULA I DISNEYDIANA QUE ACABA SENT ENTRANYABLE ... ULL! AQUÍ RAU PART DEL SEU PODER!
PERQUÈ L'ENTRANYABILITAT ÉS SEMPRE D'EXTREMA DRETA!

JO NO ÉS QUE NO VULGUI SORTIR DE CASA, ÉS QUE JA NO VULL ALÇAR-ME DE LA CADIRA!
LA CADIRA ÉS UNA CADIRA "PATO FEDERICO" DISSENY D'EN MARISCAL. VAL UNA PASTA PERÒ JO LA VAIG TROBAR ANANT A FER CRUISING A VALLDORRIOLF... HE DIT "CRUISING"? VOLIA DIR "BIKING"!
ES PARLA MOLT D'OBEDIÈNCIA CIVIL I SOBRE SI LA POBLACIÓ HEM DE FER CAS ALS "NOSTRES" GOVERNS NI QUE SIGUI EN FORMA DE RESPONSABILITAT SOCIAL. COM SI DES DE FORA HI HAGUÉS CAP DIFERÈNCIA A OBEIR PERQUÈ ETS LLEST O OBEIR PERQUÈ ETS BURRO. D'ALGUNA MANERA CREC QUE AQUEST DEBAT N'AMAGA UN DE MÉS URGENT I IMPORTANT [M'ENCANTA LA POSTURA AQUESTA D'"ÉS IGUAL EL QUE ESTEU PARLANT PERQUÈ NO ESTEU PARLANT DEL QUE CAL PARLAR DE VERITAT", M'HI SENTO MOLT CÒMODE]. EL DEBAT ÉS SI L'ESTAT FARÀ POLÍTIQUES SERIOSES PERQUÈ LA GENT PUGUI MENJAR I VIURE I SI LES FARÀ AGAFANT-NOS A TOTES COM A VÍCTIMES D'UN SEGREST. SÍ, PER DIR-HO EN ENTENEDOR, PAGARÀ EL RESCAT PERQUÈ SEGUIM SEGRESTATS. DEL QUE CAL PARLAR ÉS DE L'OBEDIÈNCIA QUE ELS GOVERNS DEUEN ALS POBLES. D'ALGUNA MANERA PARLEM DE L'OBEDIÈNCIA DE LA SOCIETAT PERQUÈ UNA PERSONA POT OBEIR O NO PER H O PER B, PERÒ NINGÚ POSA EN DUBTE QUE ELS GOVERNS ENS VENDRAN PERQUÈ SÓN UNA COLLA DE PSICÒPATES BEN PAGATS PER LA SEVA INOPERÀNCIA. PER AIXÒ PARLEM DE LO ALTRE, PERQUÈ EN AIXÒ NO HI HA RES DE QUÈ PARLAR.
EM PENSAVA QUE ET VEURIA A L'ÚLTIMA PEL·LI D'EN BRAD PITT!
A MI? PERÒ SI JO TREBALLO AL CAD·ASTRE!
PER AIXÒ!
SE M'HA OBLIDAT FER UN ACUDIT! AQUÍ EN TENIU UN!
HA HA HA. EM PIXO. FOTEU-VOS.

UNA COSA QUE M'HE FIXAT ÉS QUE L'ARQUITECTURA DE LA CIUTAT ON VISC, QUE SEMPRE HE TROBAT HOSTIL, ANTIPÀTICA I INHÒSPITA, QUAN SURTS A PASSEJAR AMB LA CIUTAT BUIDA, RESULTA QUE NO HO ÉS TANT. POTSER EL QUE FA L'ARQUITECTURA GRISA NO ÉS TANT L'ARQUITECTURA MATEIXA COM EL PERSONAL QUE LA TRANSITA.
QUIN MALSON DE LLOC!
SI UN DIA PARLEU AMB UN BEVEDOR DE VICHY I NO SABEU MASSA DE QUÈ COI PARLAR-LI, US DIRÉ UNA ANÈCDOTA QUE PODEU UTILITZAR:
AL LLIBRE "EL DOCTOR GLASS" D'EN HJALMAR SÖDERBERG UN HOME EN MATA UN ALTRE POSANT-LI VERÍ AL VICHY!
AGS
ARA QUE EM DEIXAVEN SORTIR ELS MEUS PARES, ARA NO EM DEIXA EL GOVERN!
PUTOS ADOLESCENTS: NOMÉS NO ES QUEIXEN QUAN VAN DROGATS!
VAS AL PARC I TOTES LES FILLES DE JIPI ES DIUEN ELNA.
ELNA
ELNA
AIXÒ ÉS PERQUÈ VIVIM EN UNA ÈPOCA EN QUÈ LA MATERNITAT ESTÀ SOBREGLORIFICADA
FRANCAMENT, SI EL LLIBRE S'HAGUÉS DIT "LA XURRERIA D'ELNA" O "LA TOCINERIA D'ELNA" JA US DIC JO QUE TOTES AQUESTES ELNES SERIEN ELVIRES!
STOP
HIPSTERS QUE TATUEN FALSES BARBES ALS SEUS FILLS DE 5 ANYS!
PUTA TV3!

UNA COSA QUE US HAURIA DIT SI HAGUÉS SET PORTAVEU DEL GOVERN:

JA OBREN LES LLIBRERIES I, COM QUE IGUALMENT NO S'HI POT PASSAR, LA GENT S'APINYA A FORA PER COMPRAR UNA GOMA O UNA MAQUINETA. SI ET FOTS A MIRAR L'APARADOR EN PLAN "ANEM A FER COMENTARIS CAGANT-NOS EN TOT", QUE ÉS UNA MICA COM JO EM DESPLAÇO PER L'UNIVERS, CAL ANAR AL TANTO ALS POBLES PERQUÈ SEMPRE HI HA UN LLETRAFERIT LOCAL QUE ES PASSA EL DIA ALLÀ VEIENT EL SEU LLIBRE EXPOSAT A L'APARADOR AL COSTAT D'ALTRES PUNTALS DE LA LITERATURA COM BUENAFUENTE, TONI SOLER O EMPAR MOLINER. SI ET FOTS A MOFAR-TE DE TOTA LA MERDA QUE HI HA A L'APARADOR, MÉS VAL QUE T'EN FOTIS DELS DARRERS PERQUÈ AIXÍ VAS A LO SEGUR DE NO JUGAR-TE UN MASTEGOT.
MIRA AQUEST TÍTOL: "CANTADISSA A L'EQUINOCCI"
HA HA HA
S'HA DE SER CARA-CARTRÓ!
L'AUTOR!
CANVI DE VALORS!
PREFEREIXO LES VORERES CAGADES DE MERDA DE GOS QUE EL XIVARRI DE LA RASPALLADORA A LES 8 DEL MATÍ!
AL FINAL, LES VORERES PLENES DE MERDA NO ET DESPERTEN!
PER QUÈ NO T'APRENS LA JETA DELS QUE ESCRIUEN AL TEU POBLE?
PERQUÈ AL MEU POBLE ESCRIU TOTHOM!
ÉS UN LLOC FANTASMAGÒRICAMENT AVORRIT!
ENS FLIPEM PER MASSA RES!
M'AGRADARIA QUE EL NO CAGAR DONÉS MÉS MIGRANYA QUE ELS CANVIS DE TEMPS!
ESTÀS AMB EL TEMA DELS YOUTUBERS EN CATALÀ QUE NO CAGUES!
SÍ, NEN!
PASSA'M SIS ENANTIUMS!
ELS GOVERNS ENS FARAN TORNAR A CURRAR, SEGUIRÀ MORINT GENT I DIRAN QUE ÉS COSA DE LA CONTAMINACIÓ I LI FOTRAN LA CULPA A LA GRETA GUTTENBERG.

SAFARI
CONTENIDOR
ÉS MOLT COMPLICAT LLENÇAR LES ESCOMBRARIES. EL MÉS NORMAL ÉS QUE, QUAN PREMIS LA PALANCA D'OBRIR EL CONTENIDOR LA TAPA ET FOTI UN UPPERCUT ALS MAXIL·LARS
AGJF!
CADA DIA IGUAL!
PAC
SI ALLUNYES LA MANDÍBULA PERQUÈ JA ET SAPS EL TRUC, EL MÉS NORMAL ÉS QUE L'ESCLETXA NO SIGUI PROU GRAN I LA BOSSA ET REBOTI ALS MORROS
AI
PATAPAF!
UN DIA, ORGANITZANT EL LLENÇAMENT, EM VA CAURE LA FILLA PETITA A L'ORGÀNIC!
EL CARTRÓ AL GROC ...
VEE
DESPRÉS ELS TÍPICS GILIPOLLES REACCIONARIS DELS MITJANS S'ESTRANYEN QUAN LA GENT ELS CARDA FOC!
CAP AGRESSIÓ SENSE RESPOSTA!
A MÉS, SI EL QUE HI HA DINS HO ACABARAN CREMANT I-GUAL-MENT!
COLLONS!
SI VOLEN FER UN ALTRE REFERÈNDUM, QUE ENS FACIN VOTAR EN CONTENIDORS I JA VEURAN QUE NO HI ANIRÀ NINGÚ.
VENIU A VOTAR!
SÍ, HOME!
UNA MERDA!
EM PODRIA PASSAR LA RESTA DELS MEUS DIES PARLANT DE CONTENIDORS. NOMÉS UNA ÚLTIMA COSA: AVUI PLOVIA I HA PASSAT UN NOI TAPAT AMB UNA SACA D'ESCOMBRARIES PER SOTA CASA, EN DIRECCIÓ AL CONTENIDOR...
EI! PER FI HAN INVENTAT UNES ESCOMBRARIES QUE ES LLENCEN SOLES!
A VEURE!

UNA COSA QUE M'AGRADA MOLT I EM MOTIVA UNA MICA A PENSAR QUE SI EL MÓN VA SER FA TEMPS UN LLOC MÉS JUST TAMBÉ HO POT TORNAR A SER EN UN FUTUR A LLARG TERMINI ÉS UNA COSA DE LES LLEIS DE L'ANTIGA GRÈCIA. QUAN ALGÚ SOSPITAVA QUE ALGÚ ALTRE LI HAVIA ROBAT QUALQUE COSA, PODIA REGISTRAR CASA SEVA SEMPRE QUE HI ENTRÉS DESPULLAT. PER NO PORTAR L'OBJECTE AMAGAT DE CARA A LIAR-LA.

QUINA PART DE LA JUSTÍCIA TAN BONICA I TAN JUSTA! SI FEM UNA I.L.P. I ACONSEGUIM IMPLANTAR-LA, EM PASSARÉ CADA DIA QUAN SURTI DE PENCAR TAFANEJANT PER LES CASES DE TOTHOM BRANDANT LA MEVA CIGALA ENLAIRE!

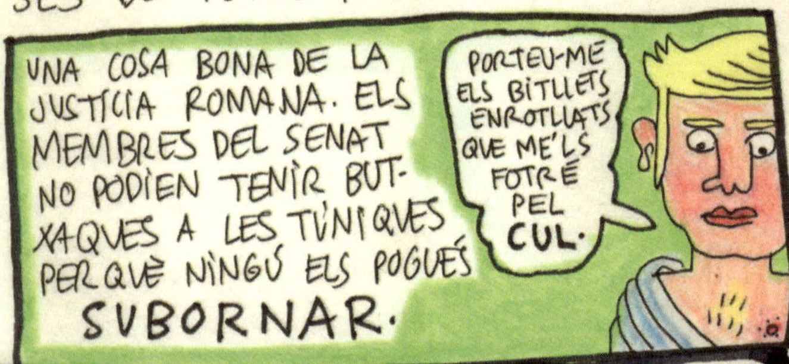

ELS GOVERNS NO VOLEN QUE SORTIM DE CASA PERQUÈ ENS HEM ENGREIXAT TANT QUE TENEN POR QUE ELS FEM MALBÉ LES VORERES!

AVUI HE SOMIAT QUE FEIEN UN CONCURS EN UNA RÀDIO I EL PREMI ERA PARLAR PER TELÈFON AMB LA CINDY LAUPER I JO EL GUANYAVA I JO LI DEIA A LA TELEFONISTA DE LA RÀDIO "COM POT SER QUE HAGI GUANYAT AQUEST CONCURS TAN INCREÏBLE SI MAI ABANS A LA VIDA HAI GUANYAT RES?" I LA NOIA EM DEIA "HAS GUANYAT PERQUÈ LA CINDY LAUPER VIU A PALOU I ETS EL CONCURSANT QUE HI VIU MÉS A LA VORA I ENS SORTIRÀ MÉS BARATA LA TRUCADA". DE MANERA QUE ME LA PASSEN I PER TRENCAR EL GEL LI PREGUNTO SI ES VA POSAR EL NOM ARTÍSTIC DE CINDY LAUPER PERQUÈ VA COMENÇAR EN EL MÓN LABORAL TREBALLANT D'AU-PAIR. DESPRÉS D'UNS BALBUCEIGS I QUEQUEJOS PER PART MEVA EM PENJA I SENTO QUE DIU:

DESPRÉS HE RECORDAT, EN EL SOMNI, QUE HI HA UNA CANÇÓ DE LES **FERIA** EN QUÈ ELS TRUCA EN ROBBIE WILLIAMS I HE PENSAT EN **STALIN** TRUCANT A **BULGÀKOV** I EN QUÈ A MI NO EM TRUCA MAI NINGÚ I NO M'ESTRANYA PERQUÈ NO TINC MÒBIL I PENSO QUE POTSER HAURIA PREFERIT, EN EL SOMNI, PARLAR AMB UNA DE LES **FERIA**, ENCARA QUE HAGUÉS QUEDAT SEGURAMENT TAMBÉ COM UN GILIPOLLES PERQUÈ VAIG TRIGAR MOLTS ANYS A SABER QUE ROBBIE WILLIAMS NO ERA AQUELL ACTOR QUE EM VA COMENÇAR A CAURE BÉ NOMÉS DESPRÉS DE SUÏCIDAR-SE.

UNA COSA QUE POT PASSAR...
QUE VINGUIN ELS FEIXISTES A FOTRE'NS QUATRE TRETS I ENS TROBIN ENMIG D'UN DEBAT SOBRE SI ÉS O NO ÉS LEGÍTIM L'ÚS DE LA VIOLÈNCIA PER COMBATRE EL FEIXISME I S'HAGIN D'ESPERAR QUE ACABEM EL DEBAT PER MATAR-NOS.
ESTRUCTURALMENT I SENSO SUPRAESTRUCTURALMENT...
SI JO MATO UN TORRÓ: EM CONVERTEIXO EN TORRÓ?
SÍ I NO
ANEU ACABANT, PLIS!
ATXUUM!
PUNTERIA GARGALLERA!
COM QUE ELS BARS DE FER PUNTERIA AMB DESTRALS NO OBREN FINS A LA FASE 3, LA PENYO FA VA BUSCANT ALTERNATIVES!
COM QUE ESTUDIO A LA UNIVERSITAT A DISTÀNCIA DE TOLEDO, ME N'HE HAGUT D'ANAR A VIURE A REYKJAVIK!
VIVA TOLEDO
ELS ESTUDIS A DISTÀNCIA, A PARTIR D'ARA, HAVRAN D'AUGMENTAR LA DISTÀNCIA!
ÉS MOLT FÀCIL SER FEIXISTA EN UNA DEMOCRÀCIA, EL QUE ÉS DIFÍCIL ÉS SER DEMÒCRATA EN UN ESTAT FEIXISTA!
COM QUE AHIR ES VA ACABAR APLAUDIR A LES 20.00, HE QUEDAT ORFE I TINC COM SÍNDROME D'ABSTINÈNCIA D'APLAUDIR. AVUI HE FET UN ALLIOLI AMB ELS COLLONS I A LES VUIT HE SORTIT AL BALCÓ A APLAUDIR-ME'LS.
AQUEST ALLIOLI MATA FEIXISTES!

AHAHAI
EL MEU PROJECTE SERIA POSAR A TOTA LA POBLACIÓ DE RISC MARINA D'OR!
ANANT A DAR EL VOLT HEM SENTIT AQUEST SENYOR AMB AQUESTA PROPOSTA. SENSE ENTRAR A AVALUAR-LA PERQUÈ TOT TANT ME FOT NI SENSE ENTRAR AL DEBAT DE FINS A QUIN PUNT PARLAVA SERIOSAMENT O FEIA BROMOTA, M'HA CRIDAT L'ATENCIÓ QUE HO HA DIT EN UN ALT TO DE VEU, PERQUÈ HO SENTÍSSIM TOTES LES DEL VOLTANT. ES NOTA MOLT QUE HI HA GENT A QUI A CASA NO ENS ESCOLTA NI DÉU I ANEM MOLT FALTATS D'ORELLOTES ON BUIDAR EL PAP. TAMBÉ PODRIA SER QUE EL COMPANY FOS SORD, O SORD O ESPAVILAT, JA QUE NO FEIA GAIRE CARA D'ESCOLTAR-LI CAP OCURRÈNCIA.
GRÀCIES ALS MANEL NO HA QUEDAT CAP LLAR CATALANA SENSE UN UKELELE. ARA, ELS FABRICANTS DE TRIANGLES ESPEREM QUE SURTIN COM UNS MANEL, PERÒ QUE TOQUIN MOLT EL TRIANGLE!
CLINC
CLONC
L'ORACLE PETROC
L'ÚLTIMA CRISI VAN ANAR DE CARA A LES PENSIONS. AMB AQUESTA APROFITARAN PER DESMANTELLAR LA SANITAT I ARRUÏNAR L'ESCOLA PÚBLICA.
LA GENT HA OBERT ELS ULLS! ARA TOTHOM VINDRÀ A NOSALTRES, SOLIDARITAT INTER-MUNDI-NACIONAL! HE SENTIT DIR QUE LA PENYA ESTÀ BUSCANT CASALS COM BOGES!
CASAL POPULAR MALAQUIES REMOLATXA
CASALS D'ES-TIU, UTGER!
CONSELLS DE NETEJA
QUAN POSEU PRODUCTE A VIDRE O FOGONS L'HEU DE DEIXAR REPOSAR! AGONIES, QUE SOU UNS AGONIES!
TOQUEU-VOS-ELS UNA ESTONA!

LL.
B.
A CADA PECAT CAPITAL ES CORRESPON UN DIMONI. JO CONSAGRO EL MEU AFANY AL DE LA SUPÈRBIA, EN LLUCIFER I AL DE LA MANDRA, EN BELFEGOR.
NEIXES, APRENS A PARLAR,
PARLES AMB MOLTA GENT,
....
T'HI BARALLES,
ELS DEIXES DE PARLAR,
COM QUE NO PARLES, DESAPRENS DE PARLAR,
GRUNY
I, UN COP LLIURE DEL LLENGUATGE, ET MORS I, EN PAU!
SI LA VIDA ÉS AIXÍ, VAIG PER BON CAMÍ!
LA PENYA HALITÒSICA ESTÀ DE SORT AMB EL TEMA DE LES MASCARETES PERQUÈ ES PODEN POSAR UN TAPAFERUMS D'AQUESTS QUE ES PENGEN A LA TASSA DELS VÀTERS I ENCOBREIXEN UNA MICA EL PROBLEMA.
QUINA XAMBA, REPUNYETA!
SI DÉU HAGUÉS VOLGUT QUE NO ROBÉSSIU ALS SUPERMERCATS, NO N'HAURIA POSAT UN A CADA CANTONADA!
PARE
MALAQUIES
AVUI EN DIA CREMAR CONTENIDORS JA NO ÉS GENS REVOLUCIONARI... AVUI ÉS REVOLUCIONARI: ARREGLAR-LOS!
CLAU DE BICICLETA
VAIG A CANVIAR EL DISCURS PERQUÈ AQUÍ TOTHOM PILLA PREMIS MENYS JO!

LA MOTHER ANN LEE FOU UNA LÍDER D'UNA SECTA RELIGIOSA DEL SEGLE XVIII ANOMENADA "SHAKERS". UNA REVELACIÓ QUE VA TENIR VA SER UNA EN QUÈ SE LI VA REVELAR QUE DÉU NO TORNARIA A LA TERRA MENTRE LA GENT NO PARÉS DE FOLLAR. HO TROBO SUPERGRACIÓS. I NO PER LA GENT QUE NO FOLLA MAI, SINO QUE HO TROBO UNA BONA TÀCTICA PER PROMETRE QUALSEVOL COSA. PERQUÈ, PROMETIS EL QUE PROMETIS QUE HAGI DE PASSAR, LA GENT NO DEIXARÀ DE FOLLAR MAI. DE MANERA QUE MAI ES PODRÀ DEMOSTRAR QUE LA TEVA REVELACIÓ NO FUNCIONA.
DÉU NO VINDRÀ SI NO DEIXEU DE FOLLAR!
MIRA ANN, SAPS QUÈ?
...QUE NO VINGUI!
EL MEU AMIC LITERAT.
SEMBLA QUE HAGI DE SER EL MÉS INTERESSAT EN QUE OBRIN LES LLIBRERIES PERQUÈ LA GENT COMPRI ELS MEUS LLIBRES, OI?... DONCS EL QUE REALMENT VULL QUE OBRIN SÓN LES SAUNES, MECAGUMDEU! QUE VULL ANAR A FOLLAR!
UN ABANDONA DEFINITIVAMENT LA INFANTESA QUAN ENTÉN QUE
HOLA, BON AMIC!
EN BOCA D'UN ADULT, EN REALITAT SEMPRE VOL DIR
HOLA, FILL DE GOSSA, AIXÍ QUE PUGUI T'ARRENCARÉ ELS ULLS I TE'LS FOTRÉ PEL CUL PERQUÈ ET VEGIS LA PRÒSTATA DE LA VORA!
Et fan creure que LA VIDA és ABSURDA i RIDÍCULA perquè ET SEMBLI QUE ANAR A TREBALLAR és UNA COSA que L'OMPLE de sentit.
FENT CURRAR LA GENT SE M'ESTÀ OMPLINT LA VIDA DE RESSENTITS!

DEIXEU-VOS DE YOUTUBERS I TIKTOKERS EN CATALÀ!
FEM UNS GIMNASOS QUE PAGUI L'INSTITUT RAMON LLULL. GIMNÀS GRATIS PER APRENDRE GRAMÀTICA CATALANA FENT PESES I ABDOMINALS. EL NOM DE LA FRANQUÍCIA:
POMPEU FIBRA!®
JO, TU, ELL
DUES VOCALS NO ÉS DIFTONG, ÉS HIAT.
HE SOMIAT QUE ESTAVA TRAQUEOSTOMITZAT I QUE ANAVA A UNA ENTREVISTA DE FEINA I L'AMO EM FOLLAVA LA BOCA I EL DE RECURSOS HUMANS EL FORAT DE LA GOLA. JO PLORAVA PERQUÈ M'AGAFESSIN.
NOMÉS VULL CURRAR!
QUAN ERA JOVE I ANAVA A BARCELONA EM PENSAVA QUE ELS TAXIS PORTAVEN UN CARTELLET ON POSAVA SP PERQUÈ ET CONVIDAVEN A SPEED.
QUINA DECEPCIÓ EL PRIMER COP QUE EN VAIG AGAFAR UN!
PER QUÈ TANTES VEGADES LA GENT QUE ES VOL FER PROTAGONISTA DE LES TEVES TRAGÈDIES ÉS SEMPRE LA MATEIXA QUE DESPRÉS ET VOL FER PROTAGONISTA DE LES SEVES QUAN TU ALLÀ NO HI PINTES RES?
PERQUÈ TOTHOM VOL PLORAR AMB TU!
MOLTA GENT HAVIA COMPRAT PRÒTESIS DE PARTS DEL COS PENSANT QUE SORTIRIA DE LA PANDÈMIA MUTILAT I ARA... NO SAP QUÈ FER-NE!
A WALLAPOP!
TOT HAURÀ CANVIAT PERÒ TOT SERÀ UNA MERDA IGUAL!

COM QUE A CASA TAMPOC ENS QUEDEN GAIRES COSES A DIR-NOS QUE NO ENS HÀGIM DIT JA, DURANT UNA QUINZENA DEL CONFINAMENT ENS VAM ACABAR COMUNICANT FENT-NOS CARES D'EMOTICONES FAMOSES... LA POLÈMICA SOBRE L'ÚS DEL CATALÀ NO ENS ENCALÇA PERQUÈ PARLEM **EMOTÍCONESC.**

L'EMOTICONESC NOMÉS ERA UN PRIMER PAS PER COMUNICAR-NOS EN **MINÍ DANSA TÍK-TOK.**

PROBLEMA EXISTENCIAL
SI JO SOC EL QUI NO S'HA ATREVIT A SER JO... QUI ÉS EL SUBJECTE DE LA PRIMERA MEITAT DE LA FRASE?
UN MESTRE DE VERITAT NO DEIXA DE CURRAR MAI
ISRAEL APROVA FER MÉS CASES A LES COLÒNIES!
DONCS SI HI FAN MÉS CASES DE COLÒNIES VAIG A TRUCAR AVIAM QUINES OFERTES TENEN PER ANAR-HI AMB ELS DE SISÈ A FINAL DE CURS!
DURANT AQUEST CONFINAMENT HE FET UNA REVISITACIÓ DEL MITE DE LA CAVERNA D'EN PLATÓ PERÒ EN COMPTES D'UNA CAVERNA HE DIT QUE ELS HUMANS VEIEM EL MÓN AMB EL CAP DINS D'UN POT DE MELMELADA DE MERDA.
ES COMENÇA MENJANT-SE EL CORDILL DE LA BOTIFARRA PERQUÈ HO DIU EN FERRAN ADRIÀ...
FLIPARÀS!
...I T'ACABES FOTENT UN ESTOFAT AMB UN PARELL DE MITJONS DE COTÓ!
lat
TOT AIXÒ SEMBLA CAN PASTIFA!
DE TOT EL QUE HE SIGUT, DE TOT EL QUE HE ESTAT ARA NOMÉS EM QUEDA AQUESTA LLENGUA DE CUA DE GAT.
GRFUSS
GRFJHHH
GRRRRMEEU

EN UNA ENTREVISTA A BORÍS GROYS QUE HA TRADUÏT L'ÀNGEL FERRERO PARLA DE LA REFLEXIÓ QUE FAN UNS ARTISTES SUISSOS SOBRE L'ART I LA SEVA FALSIFICACIÓ. SEGONS ELLS, L'OBRA REAL I L'OBRA FALSA SÓN INDISTINGIBLES A MENYS QUE LES PUGUIS TOCAR AMB LA MÀ, PERQUÈ LES OBRES REALS SEMPRE SOLEN PESAR MÉS... PER AIXÒ A MOLTS MUSEUS NO DEIXEN APROPAR LA GENT ALS QUADRES PERQUÈ NO HI HAGI EL TÍPIC ESPAVILAT QUE, ABANS DE FER-SE UNA IDEA SOBRE L'OBRA, VULGUI SOSPESAR-LA. AIXÒ EM RECORDA LA LLEI SEGONS LA QUAL LES COSES ROBADES ES VENEN A UNA TERCERA PART DEL SEU PREU REAL. UNA VEGADA UN AMIC EM VOLIA VENDRE UN ORDINADOR ROBAT PER SOTA DE LA TERCERA PART DEL SEU PREU I NO EL VAIG VOLER PERQUÈ VAIG SOSPITAR QUE POTSER NO ERA ROBAT TAL COM EM DEIA I QUE, O BÉ ERA UNA COSA DE SEGONA O TERCERA MÀ O POTSER ERA NOU I FEIA VEURE QUE ERA ROBAT PER FER-ME UN FAVOR I FAVORS JO NO VULL QUE NINGÚ ME'N FACI I MENYS, UN AMIC MEU. PERQUÈ SI ET COMENCEN A FER FAVORS DESPRÉS S'HI ACOSTUMEN I NO ET DEIXEN MAI EN PAU.

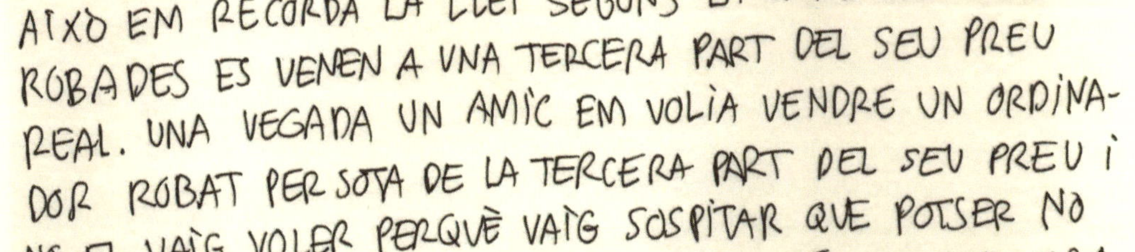

DIA #53

VAIG PEL CARRER I VEIG UN PAVO AMB MASCARETA I ATRINXERAT SOTA UN PARA-SOL AMB SERRELLETS...
EXCEPTE PERQUÈ NO ANAVA VESTIT DE MARISCAL DE L'EXÈRCIT D'EN FLASH GORDON, HEM DE RECONÈIXER QUE, AL FINAL, EN MICHAEL JACKSON TENIA RAÓ!
ESPERA
ES VEU QUE AHIR, AL RAMASSAR HI VA HAVER UNA BATUSSA ENTRE DUES PARELLES PER AGAFAR TAULA EN UNA TERRASSA. LA GENT ES VA POSAR A GRAVAR-HO AMB EL MOBIL FINS QUE UN DELS CONTEN-DENTS ES VA RENDIR I VA MARXAR TOT CRIDANT....
ARA GRAVAREU LA VOSTRA PUTA MARE!
CONTÉN-TE, REGÍ!
...VAIG A VEURE SI JA HO HAN PENJAT AL TIK-TOK!
ELS OCELLS IMITEN ELS MÒBILS.
ELS NENS JUGANT IMITEN ELS INTERFONS.
LA GENT RONCANT IMITA ELS DESPERTADORS.
08:00
PERÒ ARA JA ÉS IGUAL PERQUÈ HAN DEIXAT ANAR ELS COTXES I JA NO SENTIREU CAP D'AQUESTS DRINGS PRODIGIOSOS DE LA NATURA.
EN PATUFET US DIRÀ UNA GRAN VERA VERITAT:
A TOT ARREU S'HI ESTÀ BÉ SI LA MEITAT S'ESTAN EMBORRATXANT I L'ALTRA MEITAT ASSERENANT!

"TOT EM CANSA, FINS I TOT ALLÒ QUE NO EM CANSA. LA MEVA ALEGRIA ÉS TAN DOLOROSA COM EL MEU DOLOR." FERNANDO PESSOA.
NO US DESCONFINEU, QUE CANSA MOLT!
RESULTA CURIÓS EL MOLT QUE S'ASSEMBLA PESSOA A GROUCHO MARX, SI EL DIBUIXES TAN MALAMENT COM JO!
LLEGENDES
URBANES REPETITIVES.
CAP POBLE DE L'ESTAT SENSE LA NOTÍCIA D'UN JAIO O JAIA D'ENTRE 103 I 112 ANYS QUE HA SUPERAT EL CORONAVIRUS I SURT TRIOMFAL DE L'HOSPITAL. POT SER QUE SIGUI EL MATEIX AVI I SE L'HAGIN ANAT PASSANT DE CIUTAT EN CIUTAT? US IMAGINEU QUE ES CURÉS PER PRIMER COP A BADAJOZ I HA CREUAT LA PENÍNSULA COM L'ESQUIROL D'ARBRE EN ARBRE PERÒ D'HOSPITAL EN HOSPITAL I HA ACABAT EL CONFINAMENT A, POSEM PER CAS, BIGUES I RIELLS?
HAN ANAT FENT VARIACIONS I L'ÚLTIMA SORTIDA DE L'HOSPITAL L'HA FETA AMB UNA ARMILLA SALVAVIDES ENFILAT DALT D'UN RUQUET!
REMENEM!
UNA COSA QUE SEMBLA QUE NOMÉS ME N'HAGI ADONAT JO ÉS AQUESTA: LA TERRA ESTÀ FETA DE TERRA I AIGUA, OI? DONCS QUE US SEMBLA SI ENS POSEM TOTES A REMENAR I HO CONVERTIM TOT EN UNA IMMENSA BASSA DE FANG?
MOLARIA MIL!
QUE VA BÉ PEL CUTIS!
NEO-MUNICIPALISME
US HEU FIXAT QUE UNA COSA QUE FAN MOLT BÉ TOTS ELS AJUNTAMENTS ÉS ARRENCAR ARBRES DE 100 ANYS I POSAR-NE UNS DE MALALTS I ESCARRANSITS QUASI DIFUNTS? ELS TREUEN DE LA U.C.I. D'ARBRES? O POTSER DE PAL·LIATIUS?
ARA DONA GUST!

SI BÉ ÉS CERT QUE A TOT ARREU ÉS OBLIGATORI ENTRAR AMB MASCARETA, TAMBÉ ÉS CERT QUE A MOLTS LLOCS EN TENEN UNA PER A LA GENT QUE NO EN PORTA...
TINGUI!
L'ÚLTIM QUE SE L'HA POSADA ERA UN TÍSIC TUBERCULÓS!
M'HE D'APUNTAR A L'AGENDA QUE AQUEST ANY NO FAN FESTA MAJOR PERQUÈ PORTO TANTS ANYS FENT VEURE QUE HI VAIG SENSE ANAR-HI QUE AVIAM SI NO ME'N RECORDARÉ I SEGUIRÉ IGUAL...
VAIG FER UN LLIBRE SOBRE QUAN NO VAM ACONSEGUIR LA INDEPENDÈNCIA I ARA UN SOBRE AQUESTA PANDÈMIA QUE ENCARA NO M'HA MATAT CAP CONEGUT. JUGO MOLT FORT EL FACTOR HISTÒRIC PER VENDRE LLIBRES PERÒ EL FACTOR HISTÒRIC SEMPRE EM FA LLUFA.
FANTÀSTIC AQUEST ANY! M'HA ENCANTAT EL... D'AIXÒ... EL... EL CORREFLOCS!
EL TÍPIC GESTAPO FESTA MAJOR
PERÒ... PERÒ... QUÈ XERRES?
QUE NO EM PASSI AIXÒ!
UN LLIBRE DE L'ANY 2020...
JA ME'N RECORDO! VA SER L'ANY QUE VAIG COMENÇAR A PIXAR ASSEGUT!
ANY 2053
PUTA LA HISTÒRIA!
CADA DIA EM PASSA 3 COPS
UN CONDÓ UTILITZAT A TERRA!
AVUI EN DIA FAN PENS EN FORMA DE MOLTES COSES... PODRIA SER UN PEN EN FORMA DE CONDÓ UTILITZAT!
DE 64 GB!
AHÀ!
NO ERA UN PEN!
AVANCEM EN LAÏCITAT:
NI SAN FERMÍN, NI SAN PATROL!
OPS

AVUI HE PASSAT PER UNA BOTIGA DE PARAMENT DE LA LLAR I M'HA XOCAT QUE TENIEN TOT DE CAPÇALS DE LLIT A LA VORERA. ÉS CURIÓS, DORMIR ÉS EL MÉS SEMBLANT A ESTAR MORT I UN CAPÇAL DE LLIT ÉS EL MÉS SEMBLANT A UNA **LÀPIDA**.

MOLTA GENT ES PENSA QUE ÚLTIMAMENT POSEN ELS PIXADORS MÉS AVALL PERQUÈ LA GENT S'HA ESCARRANSIT AMB EL TEMA DELS ERTOS I LA CRISI. EN REALITAT ELS HAN POSAT MÉS AVALL PERQUÈ A L'ÚLTIM PERÍODE DE VAQUES GRASSES MILIONS DE PAVOS ES VAN OPERAR D'ESTIRAMENT DE **CIGALA!**

M'ASSEC EN UN BANC A DEVORAR PASTISSERIA INDUSTRIAL PEL MEU DESASSOSSEC ESPIRITUAL I M'ADONO QUE ELS BANCS, COM ELS URINARIS D'AHIR, TAMBÉ ESTAN CADA VEGADA MÉS BAIXOS! LA JOVENALLA NO SE N'ADONA PERQUÈ SEUEN AL RESPATLLER... PERÒ, QUANTS COPS HEU VIST UN JAIO TOT EL MATÍ ASSEGUT AL BANC? NO PODEN AIXECAR-SE!
HU!
PORTEU-ME UN FORTUNA I UNA XIBECA!
QUE TRIST DEPENDRE DELS QUI NOMÉS PENSEN A ELIMINAR-TE.
UNA COSA QUE FEIA EN LLAPETES QUAN HI HAVIA GRESCA ERA POSAR-SE UN COLL D'AMPOLLA DE QUINTO A CADA DIT PER ENVESTIR QUI FOS. ENCARA NO ENTENC PER QUÈ AIXÒ NO ÉS EL LOGO DE CAP GRUP MACARRESC.
... I, ENCARA QUE MAI EL VAIG VEURE MULLAR A DINGÚ FENT AIXÒ, CREC QUE COMPORTAVA MÉS PERILL QUE ET TALLÉS AMB L'UNGLA QUE AMB EL VIDRE!
DE LA MERDA QUE SEMPRE HI DUIA!
ELS LLADRES FEIEN ESPELMES AMB GREIX DE NADÓ PERQUÈ DEIEN QUE AQUESTES ESPELMES ET TORNAVEN INVISIBLE. PERÒ, PER MOLT INVISIBLE QUE ET TORNESSIS CREC QUE LA IMATGE DE VEURE UNA ESPELMA SOLA FLOTANT PER LA CASA JA T'HAURIA DE FER SOSPITAR ALGUNA COSETA, NO?
EM VAN ROBAR LA CARTERA EN UN CONCERT DELS VENOM.
EL MEU CD ESTÀ PLE DE SORRA
DEU SER SISTEMA SORROUND!

L'ESPERIT AQUEST PARAPOLICIAL QUE ESTAN INCULCANT A LA CIUTADANIA HA ARRIBAT FINS AL PUNT QUE UN AMIC S'HA COMPRAT UNA MOUNTAIN-BIKE I EL PRIMER ADHESIU QUE S'HI HA ENGANXAT DIU: "NO FOLLEU AL BOSC!"
PERÒ... AVIAM! A TU QUÈ T'IMPORTA QUE FOLLIN AL BOSC?
NO, AL BOSC NO.
QUE LA NATURA S'EMPIPA!
63
EN REALITAT ENS ÉS IGUAL QUE ES MORI GENT PERQUÈ, COM QUE NO ENS ATREVIM A FOTRE'NS DELS VIUS, AIXÍ TENIM MÉS MATERIAL COMICOFESTIU...
QUI S'HA MORT AVUI?
EN NISPER FRISQUELLA!
HAHAHA EM PETO!
QUI COI ERA?
NI IDEA!
SI JO FOS EL GUIONISTA DEL MINISTRE...
...EH, MMM, SEGUR QUE HEU VIST MÉS MORTS EMPASSATS PER ARENES BELLUGADISSES A LES PEL·LÍCULES QUE NO PAS MORTS PER COVID-19 A LA VIDA REAL...
UH, QUI ÉS L'IDIOTA QUE HA ESCRIT AIXÒ?
NI TERRASSETES NI PERRUQUERIES: LA NOVA NORMALITAT ERA: PAPERERES PLENES DE XIBEQUES!
ES POSEN TAN CECS QUE NO VEUEN NI EL CONTENIDOR VERD!
PERÒ, PER QUÈ M'HAS ESCRIT AQUESTA MERDA DE LES SORRES BELLUGADISSES, ATONTAT?
PERQUÈ DES QUE HAN PAVIMENTAT HOLLYWOOD JA NO EN SURTEN A LES PEL·LIS... LES HEM DE REIVINDICAR, PAVO!
SI NO ETS ANTIFA
ETS UN TIFA!

AQUEST ADOLESCENT DEL BARRI QUE, VEIENT LES IMATGES DELS AVALOTS ALS E.U.A., POTSER HA ENTÈS QUE ARA EL QUE TOCAVA ERA POSAR-SE UN PASSAMUNTANYES I, MIRA, SE L'HA POSAT!
FA GRÀCIA PERQUÈ PRECISAMENT LA BOCA ÉS L'ÚNICA PART QUE LI QUEDA DESTAPADA!
A MI EL QUE M'AGRADA ÉS CANTAR, BALLAR, CRIDAR I DISCUTIR AMB TOTHOM...
EM CAGO EN MIRÓ!
ALGÚ EM POT EXPLICAR QUÈ FOTO TOT EL DIA DIBUIXANT?
SEMPRE QUE ALGUN HACKER DESCLASSIFICA INFORMACIÓ PRIVADA A ESCALA MUNDIAL, APROFITO PER TRUCAR ALS DEL CRÍTIC AVIAM SI ELS VENC ALGUNA EXCLUSIVA DE PA SUCAT AMB OLI...
SÍ, TINC UN VÍDEO D'EN BORRELL EIXUGANT-SE EL CUL AMB UN TROS DE POREXPAN.
AMB AIXÒ US FORREU!
PODRÀS OBRIR LES ESCOLES QUE VULGUIS!
SADOLL!
SADOLLEM EN DOLL I A RAIG EN DOBLE SADOLL I ESCAIG. PRACTIQUEM FORT EL SADOLL EL SADOLL RERE EL MATOLL. MONZÓ, REGÀS I SAVALL PÀMIES, AMELA, ARAGALL TOTS PRACTIQUEN EL SADOLL NO TENEN ALTRE TREBALL.
TOTS ELS ESTATS SÓN APARELLS AMB ELS QUALS ES PRODUEIX LA REGULACIÓ DEL SISTEMA NERVIÓS DE LA GENT QUE HI VIU.
KAZIMIR MALÈVITX!
VISC EN UNA MASIA, FETA TOTA DE POESIA!
DIU EN TRUMP:
LA CULPA QUE HI HAGI NAZIS ÉS DELS JUEUS. PER AIXÒ ELS NAZIS ELS MATAVEN, PERQUÈ EREN ANTIFEIXISTES!

A VEGADES EM SORPRENC ESCOLTANT ALGUNES DE LES INFANTILS EXPRESSIONS DE LES MEVES INFANTILS FILLES. "QUINA CANYA!" ÉS UNA D'AQUESTES EXPRESSIONS QUE HA SOBREVISCUT A UN SEGLE DE DICTADURA I TRANSICIÓ I LA GENT ENCARA DIU. PERÒ VIVIM TAN SEPARATS DE LA NATURA I EL MEDI RURAL QUE L'ALTRE DIA, EN UN PASSEIG EN FRANJA HORÀRIA PERMESA, LES VAIG PORTAR ALS AFORES A VEURE UN CANYISSAR. VAM FER EL CAMÍ DE TORNADA EN SILENCI CONSCIENTES TOTES DEL PODER DE L'APRENENTATGE

DIA #60

POSES QUALSEVOL CANAL DE TV I SEMPRE ESTAN FENT UNA PEL·LI O UNA SÈRIE QUE SI NO ÉS DE L'STEPHEN KING ÉS COM SI L'HAGUÉS FETA ELL IGUALMENT. INCLÚS ELS TELE-NOTÍCIES SEMBLEN FETS SOTA LA SEVA BATUTA. PERÒ...
QUIN RANG DE LLESTOSELLES STEPHEN KING ETS?
STEPHEN KING GUAIS NORMAL
STANLEY RUBIK NO VA POSAR TOTES LES TRAMES MOLONES A LA PEL·LI, PER AIXÒ EN KING LA VA REPUDIAR COM UN TOMMYKNOCKERS!
SÍ. CLAR!
STEPHEN KING REGUAIS SUPERIOR
EN REALITAT THE SHINING ESTÀ INSPIRAT EN BURNT OFFERINGS DE ROBERT MARASCO, UN TROS DE NOVEL·LA QUE AQUÍ ES VA PUBLICAR COM "HOLOCAUSTO"!
BEN VIST!
STEPHEN KING FLIPETTI KING ZIZE.
VAIG DE CAP DE SETMANA AL PARADOR NACIONAL DE VIC-SAU. LLOC QUE VA INSPIRAR "EL RESPLANDOR"
EHEM?
T'HAS PASSAT D'ESPAVILAT!
PARADÍS FECAL
TMEO
DESTAPAR UN FORAT PER TAPAR-NE UN ALTRE... LA VIDA NO ÉS ALTRA COSA!
VULL FER UNA NOVEL·LA GRÀFICA EXPLICANT LA MEVA VIDA I TOT AIXÒ I QUE, AL FINAL, EN UN SORPRENENT GIR ARGUMENTAL, RESULTI QUE NO EXISTEIXO!
SINCERAMENT, EL QUE NO CREC QUE CALGUI QUE EXISTEIXI ÉS LA TEVA PUTA MERDA DE NOVEL·LA GRÀFICA!
L'EXISTÈNCIA NO ÉS OBLIGATÒRIA!
HI HAURIA D'HAVER MENYS ACCIDENTS PERQUÈ HI HA MENYS TRÀNSIT PERÒ N'HI HA MÉS PERQUÈ ELS GOSSOS HAN TAPAT ELS PASSOS DE ZEBRA AMB LES SEVES CAGARRUTADES!
TOCO EL PIRANDÓ!
LA VOSTRA BONA SALUT ÉS EL QUE DE VERITAT EM FOT MALALT...
...I NO EL COVID!

COM QUE TENIM LA CASA PLENA DE PERSIANES ESPATLLADES ÉS MOLT DIFÍCIL PER FOSCA L'HABITACIÓ. AL MATÍ QUAN ET LLEVES SEMPRE VEUS UNES ESTRANYES LÍNIES DE LLUMS EN DIFERENTS PERSPECTIVES I SEMBLA QUE ESTIGUIS ATRAPAT A LA PEL·LI TRON. QUE NO L'HE ENTESA MAI.
VISC EN UN QUADRE D'EN KANDINSKI?
A LA BÍBLIA QUEDA MOLT CLAR QUE ELS ÚLTIMS SERAN ELS PRIMERS, PERÒ NO HE ACABAT D'ENTENDRE SI ELS PENÚLTIMS SERAN ELS SEGONS.
AVIAM QUAN FEU UN DOCUMENTAL DELS QUE NO SABEM ON DAR-LA!
ARA HI CORRO!
LA GENERALITAT, MENTRE NO ES PODEN TORNAR A FER CONCERTS OBLIGARÀ ELS COTXES AQUESTS QUE VAN POSANT MÚSICA A TOTA HÒSTIA A PORTAR UN TÈCNIC DE SO DE COPILOT. ELS TÈCNICS DE SO SÓN ELS CONVERGENTS DE LA MÚSICA.
ARA T'HI BAIXO EL DEELAY I T'HI ENFOSQUEIXO L'ALBUFEER
?
LA INTEL·LIGÈNCIA ARTIFICIAL MAI NO ÉS NEUTRAL
JEANETTE WINTERSON
SI HI HA UN REPUNT ARA A L'ESTIU TAMPOC PASSA RES PERQUÈ PODEM POSAR ELS MALALTS A LES PLACES DE TOROS!

FA 4 DIES TOTS BUSCANT POQUEIMONS COM GILIPOLLES I AVUI, TOTHOM BUSCANT GOOFY! IDIOTES! LA CULPA ÉS DE NETFLIX, LA MARVEL I DISNEY! TOTHOM INFRAINFANTILITZAT! TOTHOM MERMAT MORAL! TOTHOM ATONTARRAT!
"BUSQUEM GOOFY!" "BUSQUEM GOOFY!"
BUSQUEN WIFI, PELMA!
AIXÒ ELS FA MÉS LLESTOS? GOOWFI?
QUE COMPLICAT ÉS SER TONTO!
ELS LLOCS AQUESTS ON FAN POSTGRAUS I MÒDULS PAGANT, PER A LA CANALLA QUE NO S'HA TRET NI L'ESO, EM FA GRÀCIA QUE ALGUNS POSEN ENGANXINES GEGANTS DE PROPAGANDA DEL SEU TARGET ALS VIDRES. EN UN DE SOTA CASA HI HA UNA ACADÈMIA AMB UN ADHESIU ON HI SURTEN TOT D'ADOLESCENTS FUMANT CANUTOS.
No saps què fer? Vine i Estudia Algo!
AIXÒ EM RECORDA UN AMIC QUE FEIA VEURE QUE VENIA NÚMEROS DE L'ONCE A LA PLAÇA...
EN REALITAT, VENIA COSTO!
AGAFAVA NÚMEROS ANTICS DEL CALAIX DE SA MARE I ELS ENGANXAVA EN UNA TIRA.
QUI VOL LO DEL CEGO?
PERÒ AL FINAL, CADA DIA ARRIBAVA A CASA I HAVIA VENUT ELS CUPONS I L'HAIXIX, NO.
ARA ME L'HE DE FUMAR! AMB LO DOLENT QUE ÉS!
ANEU AMB COMPTE A COMENÇAR A SORTIR DE NIT!
ET POSEN UNA COSA A LA BEGUDA...
... QUE L'ENDEMÀ ESTÀS A L'ATUR!

ALS CALÇATS DELS ARBRES DEL MEU CARRER ALGÚ VA APROFITAR PER MUNTAR-HI UN MINIHORT URBÀ. HA SIGUT SORTIR LA GENT I, O LA GENT PER POTOLISME O L'AJUNTAMENT PERQUÈ LA IDEA NO S'ESCAMPI, HO HAN ARRASAT. EL CAPITALISME TAMBÉ ÉS BASTANT AIXÒ.

A FINALS DELS 80 RECORDO QUE GRÀCIES A UNA SÈRIE D'ANUNCIS AMB LES SEVES BANDES SONORES ES VA POSAR DE MODA LA MÚSICA DELS 60. ACTUALMENT, GRÀCIES A SÈRIES COM STRANGER THINGS O ALTRES MERDES S'ESTÀ POSANT DE MODA LA MÚSICA DELS 80. APROXIMADAMENT 30 ANYS SÓN EL QUE TRIGARAN ELS JOVES D'AVUI A PODER PROPOSAR LA SEVA MÚSICA AL MAINSTREAM MÉS CASPÓS DE MANERA QUE SEMBLI QUE EL GRUIX DE LA SOCIETAT HA TRIGAT 30 ANYS A ASSIMILAR-HO. QUAN EN REALITAT EL QUE PASSARÀ ÉS EL QUE PASSA ARA AMB ELS 80 I ELS 80 AMB ELS 50... QUE EL MERCAT ÉS UN VELL DE MERDA INTERLOCUTANT AMB VELLS DE MERDA. NO US FEU MÉS L'OLLA.

POT SER QUE ARRIBI UN MOMENT ESTRANY EN QUE EL QUE S'ESTIGUI FENT I EL QUE VENGUI EL MERCAT COM A NOSTÀLGIA DEL JA FET COINCIDEIXIN. QUE EL CICLE S'ESCURCI I QUE LES COSES SIGUIN INSTANTÀNIAMENT LA SEVA PRÒPIA NOSTÀLGIA I ELLES ALHORA. DE FET I NO SÉ PER QUÈ, JA FA TEMPS QUE HO VEIG, LA NOSTÀLGIA S'ESTÀ CONVERTINT EN UNA COSA JUVENIL, QUASI INFANTIL.

DIA #64

PER RECARREGAR LA BATERIA DEL COTXE, COM QUE NO PODIA SORTIR DEL MUNICIPI, EL VAIG DEIXAR ENCÈS A L'APARCAMENT... VAIG ANAR A BUSCAR UNA BIRRA I S'HAVIA TANCAT AUTOMÀTICAMENT AMB LES CLAUS DINTRE! COM QUE NO TENIM CÒPIA, VA ESTAR FUNCIONANT FINS QUE SE LI VA ACABAR LA BENZINA I ARA FA 5 DIES QUE ESTÀ ATURAT I JA DEU ESTAR UN ALTRE COP SENSE BATERIA.
EM VA DIR QUE EM FARIA UN FALS SOSTRE I EM VA FER UN TERRA!
LES PUTADES QUE M'HA FET AQUEST COTXE NO ME LES HA FETES EL BANC!
ELS QUE TENEN LES CAMERES PER VIGILAR LES QUE NO ROBEM SÓN ELS QUE ROBEN MÉS.
LES POSEN PER DISSIMULAR!
I ES VAN HAVER DE POSAR ELS CINC MEMBRES DE LA FAMÍLIA DINS D'UN SOL EPI I VAN CAURE PER L'ESCALA I MENTRE OPERAVEN EL GERMÀ D'UN POLITRAUMATISME, L'AVI MORIA EN SOLITUD.
PATIMENT FINGIT.
DE VÍCTOR CATALÀ?
RES DE LA SÍNDROME DE LA COVA!
JO TINC LA SÍNDROME DOLMEN!
SOC LA PERSONA MENYS EMPÀTICA DEL MÓN, D'ACORD. PERÒ TAMPOC CAL QUE M'EXPLIQUEU DRAMES QUE US LA SUEN TANT O MÉS QUE A MI!

VAIG ANAR A CA LA COSIDORA I, MENTRE FEIA CUA, VAIG FULLEJAR UNES REVISTES DE MODA I EM VAIG FIXAR EN QUÈ ESTAN EN VOGA LES DENTS SOBREMUNTADES I IRREGU-LARMENT ALINEADES. HO VAIG TROBAR BASTANT DIVERTIT PER TOTA AQUESTA GENT QUE S'HA GASTAT TANTS CALÉS AMB ORTODÒNCIES EN UNA DIRECCIÓ I QUE, ARA, SI VOLEN SEGUIR SEGUINT ELS CÀNONS DE BELLESA, L'HAURAN DE CANVIAR.
LA PATRONAL RECOMANA
QUE ELS SUBALTERNS FACIN EL TELETREBALL AMB UN KIWI GALLEC (MÉS GROS I MÉS PELUT) LLIGAT AL CLATELL AMB CINTA AMERICANA. PERQUÈ AIXÍ EL TREBALLADOR TINDRÀ LA SENSACIÓ DE TENIR EL COLLONS DE L'AMO CLAVATS AL GANYOT
HHH
UN ALTRE TIPUS DE SUFRAGI TAN BO COM EL QUE TENIM SERIA UN EN QUÈ NO-MÉS TINGUI DRET A VOT LA GENT QUE HAGI FOLLAT AMB EN SCHUSTER.
HA HU HU
LA LUCIA BERLIN PARLA D'UN AMIC DEL SEU MARIT QUE ES FOT XUTES A LA POLLA I QUE TÉ UNA FILLA DE 14 ANYS, UNA NÒVIA DE 15 I UN GOS, I ES XUTEN TOTS. JA HO DIU EL PAPA FRANCESC, "QUE BONICA ÉS UNA FAMÍLIA FENT ALGUNA COSA!"
AMB AIXÒ DE LA QUARANTENA HE BEGUT MÉS QUE ABANS I QUAN EM DEIXIN SUELTO, PENSO BEURE EL DOBLE!

500è ANIVERSARI DEL CARRILET DE VLADIVOSTOK? AMB AIXÒ EM VOLS PAGAR EL "PATCHWORK Y BORDADOS" D'AQUEST MES?
T'ARRIBA UNA EDAT A LA VIDA QUE A LA CARTERA HI PORTES MÉS MONEDES SOUVENIR I COMMEMORATIVES QUE NO PAS MONEDES QUE VALGUIN RES.
MOLTA GENT DE COLLES CICLISTES S'ESTAN TORNANT XIMPLES ASSAJANT PERQUÈ TENIEN PENSAT FER LA RUTA DEL TRANSSIBERIÀ A L'AGOST I FA 3 MESOS QUE NO S'ENFILEN A LA BICI I TENEN POR QUE ELS PASSI COM AMB EL FOLLAR: QUE JA NO SE'N RECORDEN
MOLTA GENT SENT VEUS AL CAP. JO LES SENTO ALS COLLONS. UN DELS DEBATS RECURRENTS QUE TENEN ÉS QUANTES VEUS SÓN LES DELS COLLONS I QUANTES LES DE FORA. A MI TAMBÉ EM COSTA.
ÉS QUE N'HI HA MOLTES QUE NO SÓN D'AQUÍ!
US CANTO UN GARROTÍN?
NO ÉS QUE LA GENT ARA EM GUANYI LES DISCUSSIONS PERQUÈ ARGUMENTEN MILLOR. EM GUANYEN PERQUÈ CADA COP EM CREC MENYS ELS MEUS ARGUMENTS.
HAS VIST L'ENCARREGAT?
NI RASTRE DEL CABRONI!

UNA AMIGA A QUI TOT DE GENT ACUSA DE TENIR GREUS PROBLEMES PSÍQUICS M'HA EXPLICAT QUE, AQUESTS DIES SENSE EL SOROLL DEL BAR DE SOTA CASA NIT I DIA, HA ESTAT MOLT RELAXADA I AMB EL PENSAMENT MOLT CLAR.

LI HA AGRADAT CONSTATAR QUE EN REALITAT NO ESTÀ TAN BOJA COM LI VOLEN FER CREURE ELS QUI LA VOLEN BOJA. VOLER FOTRE'T LES CULPES DELS TEUS PROBLEMES PSÍQUICS EXCLUSIVAMENT A TU MATEIXA ÉS UN NÍNXOL LABORAL QUE OCUPA MOLTA GENT EN LA NOSTRA SOCIETAT.

DIA #67

L'ALTRE DIA AL CONTENIDOR DE LES ESCOMBRARIES HI HAVIA UNA ESTELADA PENGIM-PENJAM QUE ALGÚ HAVIA ABANDONAT ALLÀ. UNA ESTELADA-TOVALLOLA DE PLATJA NO SÉ SI LA PERSONA QUE LA VA DEIXAR HO VA FER COM A SÍMBOL DE RENÚNCIA A LA INDEPENDÈNCIA O DE RENÚNCIA A BANYAR-SE A LA PLATJA AQUEST ESTIU.
AVUI EN DIA EL QUE RESULTA REALMENT HEROIC ÉS NO ANAR-SE-LES DONANT D'HEROI PER QUALSEVOL COSA DE MERDA QUE FAS.
EL NIHILISME ÉS UNA PULSIÓ AGÒNICA D'UNA MENT IMPOTENT EN PLE COMPUNGIMENT.
ROBERTET: A VEGADES SEMBLA COM SI PENSESSIS QUE TOTA LA GENT QUE HA MORT AL LLARG DE LA HISTÒRIA PER LA LLIBERTAT HO HAGUÉS FET PER LA TEVA LLIBERTAT DE DIR XORRADES I DE FER EL TIFA.
SABIA QUE PASSARIA
EL TÍPIC ROTLLO DE PORTAR LA CONTRÀRIA A LES LLEIS PER UNA QÜESTIÓ ESTÈTICA QUE NO CONDUEIX ENLLOC: GENT QUE, APROFITANT QUE VAN AMB MASCARETES I NO S'IDENTIFICA QUI ÉS, HAN PORTAT EL JAIO A L'ESCOLA PERQUÈ EL NEN NO ES VOLIA LLEVAR.
POBRES NANOS, EL CONFINAMENT ELS HA ANAT FATAL! ESTAN TOTS ARRUGATS!
SÉ QUE PASSARÀ
HA HA HA
EUROPA TOTA QUEDARÀ ARRASADA PER LA COBDÍCIA. NOMÉS SOBREVIURÀ EN RAJOY, GRÀCIES A L'ACUPUNTURA.
SÍ, MIRA! I N'HI HA UN QUE PORTA BOINA!

SI VOLS FER-TE L'HERETGE, EL MINORITARI I EL MARGINAL, COM A MÍNIM TINGUES LA DECÈNCIA DE TENIR, NI QUE SIGUI, UNA ACTITUD HERETGE, MINORITÀRIA O MARGINAL, NO?
SÍ, SOC UN MARGINAL TOTAL, M'HE MIRAT "STRANGER THINGS" EN BLANC I NEGRE.
ASSAJANT DAVANT DEL MIRALL PER A LA PROPERA ENTREVISTA A L'ARA.
L'ÚNIC BÀNDOL DEL QUAL HA CANVIAT LA POR ÉS D'UN COLLÓ A L'ALTRE DE LES MATEIXES PERSONES.
A MI, MIRA, AL FINAL SI ELS POBRES DE TV3 SÓN INCAPAÇOS DE TROBAR RES DECENT PER EMETRE EN COMPTES DE MISSES... JA TANT ME FOT!
PERÒ... QUIN DIA PARLEN DE L'INTERCANVI DE PARELLES A L'ANTIC TESTAMENT?
"QUE RENTAR-VOS TANT LES MANS NO US FACI PERDRE EL RENTAR-VOS EL FORAT DEL CUL". HO DIU LA O.M.S.
EH?
NO DISSIMULIS
UN ARTICLE DE BROMA QUE ENCARA NO S'HA INVENTAT PERÒ QUE TINDRIA MOLT ÈXIT
UNA MEDICINA QUE TE LA MENGESSIS I LA TEVA MERDA FOS MÉS LLEUGERA QUE L'AIGUA...
NYAM
CAGA FLOT
DE MANERA QUE SI VAS CONVIDAT A UNA CASA...
PUC ANAR A CAGAR DUQUESSA?
OUI
EL TEU CAGARRO QUEDA AL VÀTER FINS QUE L'HAN DE TREURE AMB UN COLADOR!
SEMPRE IGUAL!

LA CANÇÓ "VIVA LAS VEGAS" HA SIGUT MIL COPS VERSIONADA. US PROPOSO DUES NOVES VARIACIONS ELVIS.
1
L'ARIEL SANTAMARIA PODRIA FER-NE UNA VERSIÓ PER PROMOCIONAR LA REINA LLEIDATANA DE LA FRUITA...
VIVAA LES PERES!
2
ARA VIVIM TEMPS D'OBSCURITAT I RETROCÉS, PERÒ VINDRAN TEMPS EN QUÈ LA GENT PODRÀ TORNAR A CANTAR EL QUE VULGUI, PER A AQUESTS FUTURS HIPOTÈTICS TEMPS...
VIVAAAA LA ETA!
EL DE LA SALSETA DEL POBLE SEC. UN IMMORTAL. DURANT UN TEMPS ANAVA VESTIT MIG DE XÈRIF MIG DE FERROVIARI.
APROFITANT QUE TOTHOM HA CITAT ELS SEUS DIARIS DE LA PESTA, TINC UNA PREGUNTA PER A EN DANIEL DEFOE
SI EN ROBINSON ES VA TROBAR EL SEU AMIC ENMIG DE LA SELVA... ENMIG COM EL DIJOUS...
...PER QUÈ LI VA POSAR DIVENDRES?
M'AGRADEN LES CANTANTS, SEMPRE PENSO QUE COM CANTA UNA DONA ÉS MOLT MILLOR I DESPERTA I REMOU MÉS. M'AGRADEN LES GERMANES ROS, LES SEVES VEUS D'APEGALOSES VARIETÉS DE TEMPS REMOTS. EL PROBLEMA ÉS QUE A PENES TENEN DISCS PROPIS, SEMPRE SURTEN DE CORISTES. ALGUN TÈCNIC DE SO EM PODRIA ESBORRAR LES VEUS D'EN SISA I DE LA TRINCA PER PODER-LES SENTIR NOMÉS A ELLES?
MIRA AQUESTS OCELLS MEDITERRANIS
NO ELS EMPARA L'ALEGRIA...
ODA A L'ODI
SI EN GIRAUTA FOS FÒSSIL NEANDERTHAL...
LA SEVA MANDÍBULA SERIA ARMA LETAL
PORTA VERÍ!

TROBO QUE FARIEN MÉS BEN FET TANCANT ELS PARCS AMB LA CANALLA DINTRE.
NO PASSEU
UN SECTOR QUE SEMBLA QUE NO EXISTEIXI, PER AL QUAL NO ES PARLA DE CAP AJUDA I SEGURAMENT SE N'ANIRÀ A LA MERDA DE PET ÉS EL DELS FIRAIRES I LES ATRACCIONS. COM QUE NO SÓN DE LA COLLA DEL NYIGO-NYAGO-FESTIVAL NI DE CAP PATUM NI CAPELLETA POÈTICO DEL ROMANÇO, DONCS NINGÚ DIU QUE SIGUIN CULTURA...
DONCS HO DIRÉ JO: ELS AUTOS DE XOC SÓN MÉS CULTURA QUE JOSEP PLA CAGANT EL TIÓ AMB TANGA!
NO ENTENC PER QUÈ ELS HUMORISTES QUE SATUREN ELS MITJANS DE MASSES MAI NO EXPLIQUEN EL MILLOR ACUDIT QUE TENEN...
SEMPRE SURTO EN AQUESTA CADENA PERQUÈ EL MEU PARE N'ÉS UN DELS DIRECTIUS!
HA
HA HA
JO EM FOTO LA MASCARETA DE LA MEVA FILLA, QUE ESTÀ AROMATITZADA DE MARIHUANA!
EM VAIG ACOSTUMAR A SORTIR A LES 8. A APLAUDIR... I ARA SEGUEIXO SORTINT A VIAM SI PUC GRAVAR ALGUN VÍDEO D'ALGUN VEÍ EIXUGANT-SE EL CUL!
LA SOLIDARITAT QUAN S'ENCÉN JA NO HI HA QUI L'APAGUI!

ESTENC LES CALCES DE DUES EN DUES PERQUÈ ELS VEÏNS ES PENSIN QUE LES MEVES FILLES TENEN QUATRE CAMES.
HI HA UN PUNT CONCRET DE LA CASA ON, SI M'HI POSO, ESCOLTO NITIDAMENT TOT EL QUE PASSA A CA LA VEÏNA. PERÒ ÉS QUE AVUI ENCARA N'HE DESCOBERT UN ALTRE ON, SI M'HI POSO, EM CONVERTEIXO DIRECTAMENT EN LA MEVA VEÏNA.
TOTA LA VIDA VOLENT TENIR AQUESTS SANTS CANTIROTS!
NO EM BELLUGO MAI MÉS!
¿ pot,
RES DEL QUE ESCRIGUIS VALDRÀ MAI RES SI MENTRE ESCRIUS LES UNGLES DEL MENUT I L'ANULAR NO SE'T CLAVEN AL PALMELL FINS A FER-LO SAGNAR.
UN XISTET ET POT AIXAFAR LA VIDA SENCERA...
SABIES QUE WIM WENDERS VOLIA FER UN FILM DE L'ACUDIT DEL GOS MISTETAS I TITULAR-LO "PARIS-TETAS"?
TOT ÉS TAN TRIST QUE EM PODRIA POSAR A PLORAR FINS A OFEGAR TOTHOM. PERÒ NO HO FAIG PERQUÈ EM FARIA RIURE I NO VULL RIURE PERQUÈ TOT ÉS TRIST.

SENTO UNES NOIES AL
CARRER DISCUTINT DE QUIN
COLOR S'HAN DE PINTAR
LES UNGLES PER ANAR
A VEURE UN PARENT
AMB CÀNCER...
JA HEM TORNAT A LA
NORMALITAT.
S'HA ACABAT EL ROMANÇO

BÜCHNER VA HAVER D'ABANDONAR EL SEU PAÍS ALS 20 ANYS PER UN PAMFLET QUE HAVIA ESCRIT. UNA COSA QUE FA GRÀCIA SI PENSES QUE LA GENT QUE ESCRIU ACTUALMENT NO NOMÉS ÉS INCAPAÇ D'ESCRIURE RES QUE MOLESTI CAP GOVERN, ÉS QUE NI TAN SOLS ÉS CAPAÇ DE PENSAR-HO.
AVUI EN DIA ET FAN MARXAR DEL PAÍS PER SER MASSA LLEPA!
AI! SOC TAN BON ESCRIPTOR QUE JA M'HAN DAT UNA NOVA BECA PER ANAR A ESCRIURE A UN RANXO DELS ALPS!
ADEU, CATALUNYA!
EI, XELO, VEIG QUE T'HAS ENGREIXAT MIG QUILO!
HI HA UN 8 LE-GAL!
AQUESTA PENYA NOSTALGICA DE LA PRIMERA GUERRA MUNDIAL QUE COL·LECCIONEN ANTIGUITATS BÈL·LIQUES S'HO HA PASSAT BOMBA AMB LA COVID-19 PERQUÈ HAN POGUT TREURE A PASSEJAR LES MÀSCARES ANTIGAS PRUSSIANES I LES SULFATADORES AMB BAIONETA DE L'EMPERADOR FRANCESC JOSEP MARIA CARLES GUILLEM FERRAN Vè o 6è.
S'HA DE CONDUIR AMB CINTURÓ I MASCARETA... PERÒ DE CONDUIR AMB UNS PUNYS DE LA MASSA EL CODI DE CIRCULACIÓ NO EN DIU RES!
ÉS NORMAL QUE MANIN ELS GILIPOLLES...
...SÓN MAJORIA!

TAL COM PASSÀ AMB LENZ I GOETHE, HI HA DOS TIPUS DE "CREADORS". EL CREADOR A QUI LI FAN MASSA CAS I ELL MATEIX ES RIU DE LA DEVOCIÓ QUE LI TENEN ELS BABAUS I EL QUE VOLDRIA FER ADONAR ALS BABAUS DEL SEU ERROR PERQUÈ, D'ALGUNA MANERA, SAP QUE PODEN DONAR PER MÉS I ALHORA, LI FA RÀBIA QUE LA DEVOCIÓ NO L'HI TINGUIN A ELL.
PER MASSA O PER MASSA POC, SEMPRE MENYSPREA EL SEU PÚBLIC, EL CREADOR.
SER ESPECTADOR MAI PASSA PER SER RESPECTAT.
EL MEU ORGANISME ÉS UN ESTRANY ESTÉTICIENNE
GENT A QUI, DURANT EL CONFINAMENT, SE LI HAN EMBLANQUIT ELS CABELLS A FRANGES. ARA LA GENT ELS CONFON AMB UN PAS ZEBRA I LI VOLEN TREPITJAR LA DISSORTADA CLOSCA BICOLOR.
LA PERSONA QUE OBLIDA LA SEVA HISTÒRIA ESTÀ CONDEMNADA A SENTIR COM LI REPETEIXEN QUE LA PERSONA QUE OBLIDA LA SEVA HISTÒRIA ESTÀ CONDEMNADA A REPETIR-LA...
SI OBLIDES LA TEVA HISTÒRIA ESTÀS CONDEMNADA A REPETIR-LA!
HOSTI, ÉS VERITAT! AQUESTA ESCENA JA M'HA PASSAT CINC O SIS VEGADES!
HAS OBLIDAT QUANTES?
SÍ.
DONCS T'HO REPETIRÉ!
MOLTA GENT NO ENS TRAIEM L'ETIQUETA DELS PANTALONS PERQUÈ ENS PENSEM QUE ÉS LA GARANTIA.

REVISIONISME
A MÉS, ELS NAZIS NO HO VAN FER TOT MALAMENT ... VAN INVENTAR EL DOG-CHAW
DOG-CHAW?
DACHAU, IMBÈCIL, DA-CHAU!
S'HA D'ANAR AMB COMPTE AMB EL RETORN A LES FEINES! HI HA MOLTS LLEPA-CULS QUE NO SABEM DISTINGIR LES CARES DELS DIRECTIUS PERQUÈ AMB LES MASCARETES TOTA LA GENT ENS SEMBLA IGUAL. AHIR VAIG ESTAR FOTENT LA PILOTA A UNA DONA PENSANT-ME QUE ERA LA DIRECTORA I VA RESULTAR QUE ERA LA SENYORA DE FER FEINES QUE VENIA A PORTAR LA BAIXA...
MECAGUMDEU! JO SÍ QUE EM DONO DE BAIXA!
L'OCULTAMENT FACIAL HA DEMOCRATITZAT LES RELACIONS!
BABÓS!
SOC UN PETU-PETULANT.
AQUESTA NOIA PREFEREIX SER SECUNDÀRIA EN LA VIDA D'AQUEST IMBÈCIL ...
... QUE SER PROTAGONISTA DE LA SEVA.
EN REALITAT NO ÉS QUE HO PREFEREIXI. EN REALITAT EL PATRIARCAT ENS CONDEMNA A NO SER PROTAGONISTES
NO ARRIBEU A CAP CONCLUSIÓ
JO EM POSO L'IDIOTA D'EN BASTÉ NOMÉS PEL PLAER DE POSAR EL VOLUM A ZERO.
NO US POSEU CONSPIRANOICS. TOT ESTÀ PROGRAMAT PERQUÈ TOT SIGUI UNA MERDA PERÒ NO HO HA FET NINGÚ.
HA PASSAT DE MANERA NATURAL!

US PODEU CURAR I REDIMIR PATINT. PERÒ JO US RECOMANO, PEL MATEIX ESFORÇ, QUE US CUREU I REDIMIU GAUDINT. EL RESULTAT ÉS EL MATEIX I SI US REDIMIU GAUDINT NO ANIREU MENJANT TANT L'ORELLA A LA GENT AMB LES VOSTRES PATÈTIQUES ESTRETORS ESPIRITUALS.
"LYNCHIÀ" és EL NOU "KAFKIÀ"
ELS NAZIS AQUESTS DE MERDA ACUSAVEN ELS XAVALS DE "CREMAR JARDINS"! QUINA IMATGE! QUE LYNCHIÀ!
SÍ, ELS VOLIEN LINXAR...
...ELS MOLT MALPARITS!
EM RECORDA UNA PEL·LI QUE COMENÇA AMB UN PONI EN FLAMES CORRENT PER LAS ALPUJARRAS... ARA NO SÉ SI ÉS DE L'OZON O DE L'OZORES.
SERÀ DE L'OZORES. QUE D'OZON JA NO EN QUEDA GAIRE!
SE'M VA APARÈIXER EL DOLOR INFANTIL UNIVERSAL I VAIG CAURE EN UN POU AMB EL PATINET...
OSTI, NEN!
PER QUÈ NO VAS ALS DEL MACBA I ELS HO EXPLIQUES?
TANTES CARETES QUE VA FER CAURE EL PROCÉS I TANTES MASCARETES QUE LA COVID-19 HA TORNAT A LLOC!
NOU PERIODISME:
COM QUE ELS MITJANS NO TENEN PASTA PER PAGAR GENT QUE FACI COLUMNES AMB DIFERENTS OPINIONS, UN MATEIX COLUMNISTA HA D'ESCRIURE UN DIA OPINANT UNA COSA I L'ENDEMÀ, LA CONTRÀRIA. PEL MATEIX PREU D'UNA SOLA COLUMNA...
AHIR VAIG ESCRIURE "OBRIU LES ESCOLES, SI US PLAU!"
AVUI ESCRIC "ESCOLES TANCADES MALALTIES ESTANCADES"
...I DEMÀ "EL DEBAT NO ÉS OBRIR O TANCAR"

DIA #76

AIXÒ JA ES VA ACABANT, SE M'ACABA LA LLIBRETA I EM FA MANDRA COMPRAR-NE UNA DE NOVA. A MÉS, EM SEMBLA QUE HE ERRAT, AQUEST PAPER NO ERA AQUAREL·LABLE. EL QUE PASSA ÉS QUE ERA LA LLIBRETA QUE TENIA. ARA L'HAURÉ DE DESLLOMAR PER ESCANEJAR-HO TOT DE NOU I JA NO SERÀ NI UNA LLIBRETA NI RES. NOMÉS UNA PILA DE PAPEROTS ENCOLORINATS.
UNA COSA QUE EM VA DIR LA FILLA ABANS QUE ENS TANQUÉSSIM...
QUAN S'ACABARÀ L'ESCOLA?
AL JUNY!
NO, NO VULL DIR EL CURS... L'ESCOLA. QUAN S'ACABARÀ?
PER SEMPRE!
ADEU A AIXÒ!
AQUÍ NO ENTRES A 1 METRE DE MASCARETA DE LA BARRA!
UN SALT TECNOLÒGIC QUALITATIU SERÀ EL DIA QUE LES PANTALLES PUGUIN FER PALLES.
LES CAMBRERES DEL BAR DEL POLÍGON VAN DEIXAR DE SER SIMPÀTIQUES DRÀSTICAMENT QUAN EL GILIPOLLES DEL SEU AMO LES VA OBLIGAR A CURRAR AMB UN PINGANILLO ON NO ES DEU SENTIR MAI RES AGRADABLE. AVUI HI HE ANAT I AIXÒ DE LES NOVES NORMES SEMBLA QUE TAMBÉ LES FOT D'UNA MALA LLET SOBREHUMANA...
PERÒ A MI MÉS IGUAL PERQUÈ L'ANTIPATIA MAI M'HA MOLESTAT. EM MOLESTA LA FALSEDAT!

ARA ELS RUMBEROS SE'N VAN, ARA LA **RUMBA** ES QUEDA!
A TALL D'EPÍLEG
JA TOTHOM TORNA A FER EL QUE FEIA MÉS O MENYS IGUAL QUE ABANS...
EL GILIPOLLES!
PERÒ AMB MASCARETA!
MOLTA GENT, DE TANTA POR D'ENGREIXAR-SE, S'HA ACABAT APRIMANT.
COVARD!
JO HE OBLIDAT COM ES FOLLAVA I COM S'ANAVA EN BICICLETA...
QUE FOTS FOLLANT-TE LA BICICLETA?
AI, NO SÉ!
HE EXPLICAT MOLTES COSES INTERESSANTS I MOLTES COSES GENS INTERESSANTS...
MOLTES COSES IMPORTANTS NO US LES HE DITES PERQUÈ VULL QUE LES ANEU DESCOBRINT AL VOSTRE RITME!
ALGUNES COSES QUE US HE EXPLICAT NI JO MATEIX LES SABIA, LES HE ANAT SABENT MENTRE US LES EXPLICAVA.
ALGUNES COSES ESTAN TAN MAL EXPLICADES QUE NOMÉS LES HE ENTESES DURANT DOS MINUTS.
US HE ESTALVIAT ESCENES ESCABROSES, COM QUAN LA CRISTINA LA COLORISTA EM VA TANCAR DOS DIES AL LAVABO DE CASA...
EM TIIIROOO!
HA, HA HA... BÉ ENS HAVÍEM DE DISTREURE, NO?
UN DIA EM VA AGAFAR UNA CRISI I VOLIA OBRIR UN CROWDFUNDING PER PAGAR-ME UNA PSIQUIATRA...
SOC UN MISERABLE! MAI HE ESTIMAT NINGÚ PERQUÈ MAI M'HE SUPORTAT.
BUUUUUU

PER SER UNA SITUACIÓ TAN PINTORESCA LA POBLACIÓ HA OBEÏT I NO HA SORTIT A TRENCAR-HO TOT. NI TOT NI RES.
LA GENT JA NO VOL TRENCAR RES PERQUÈ JA NO TENIM ESPIRITUALITAT!
TOTHOM S'HA QUEDAT A CASA MIRANT LA TELE, COM QUAN VAN FER FORA EN FRANCO.
VAM ESTAR MOLTS DIES MIRANT L'UN, DOS, TRES I GRÀCIES A AIXÒ: VAM ENDERROCAR LA DICTADURA!
D'ACORD. ARA HO ENTENC TOT.
HI HA HAGUT MOMENTS DE SERIOSOS ENFRONTAMENTS GUERRACIVILISTES. PERÒ ERA PER FER AMBIENT.
RECORDEU QUAN ELS QUE TENIEN UN GOS I UN BALCÓ DISCUTIEN AMB ELS QUI NO TENIEN FILLS I TENIEN UN TRASTER?
LA GENT QUE ESPERAVA APRENDRE ALGUNA COSA DE PASSAR 70 DIES TANCATS EM FA PENSAR EN LA GENT QUE BUSCA APRENDRE ALGUNA COSA DE PRENDRE DROGUES.
EM VAIG A FOTRE AQUEST TRIPI AVIAM SI APRENC FRANCÈS!
ENS HAN INTENTAT VENDRE TAN INSISTENTMENT LA MOTO QUE MOLTA GENT S'HA SORPRÈS DE SEGUIR SENT IDIOTA.
TANQUEM-NOS 80 DIES MÉS!
PERÒ, COM DIU LA WISLAWA SZYMBORSKA...
HERETEM L'ESPERANÇA: EL DO D'OBLIDAR. VEURÀS COM INFANTEM ELS FILLS ENTRE RUÏNES.
I JO MATEIX TAMBÉ TINC UNA COSA PER DIR-VOS:
SI EN COMPTES D'EIXUGAR-VOS EL CUL FINS QUE EL PAPER QUEDI BLANC DEL TOT US L'EIXUGUEU FINS UN CLARET TO MARRÓ, PODREM ACABAR SALVANT L'AMAZONES!
HO HE CALCULAT!

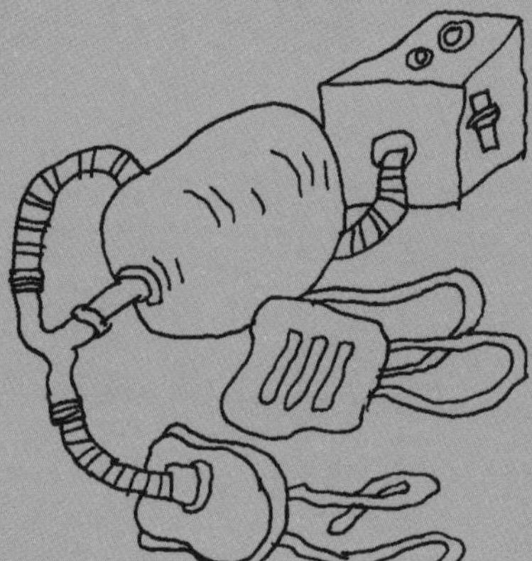

ELS QUI, SENT LA SEVA FEINA,
NO VAN PREVEURE QUE NECESSITARÍEM
MÉS RESPIRADORS HAN MATAT MÉS GENT
QUE NO PAS ELS QUI NO VAN AMB MASCARETA.

PERÒ, NO PATIU,
QUE A AQUESTS
NO ELS MULTARÀ
NINGÚ.

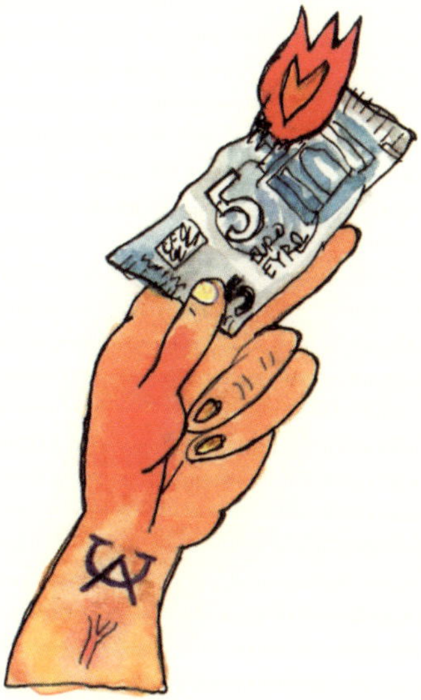

Aquest llibre es va portar a imprimir el dimecres
22 de juliol de l'any 2020, mentre als dipòsits
soterrats d'una benzinera abandonada de
la província de Lleida, un grupúscul
d'anarquistes científiques destil·la-
ven un virus per acabar amb el
diner al planeta. Per això
aquesta edició val tant,
perquè la propera
ja no valdrà
res.